守护生活的民法典 三

解决身边的法律问题

福建旭丰律师事务所
FM99.6 厦门综合广播《新闻招手停》
联合出品

刘福来
刁　玫
主编

法律出版社
LAW PRESS · CHINA
北京

图书在版编目(CIP)数据

守护生活的民法典：解决身边的法律问题. 三 / 刘福来，刁玫主编. -- 北京：法律出版社，2024
ISBN 978-7-5197-9027-1

Ⅰ. ①守… Ⅱ. ①刘… ②刁… Ⅲ. ①民法-法典-基本知识-中国 Ⅳ. ①D923.04

中国国家版本馆 CIP 数据核字(2024)第 076056 号

守护生活的民法典(三)
——解决身边的法律问题
SHOUHU SHENGHUO DE MINFADIAN (SAN)
—JIEJUE SHENBIAN DE FALU WENTI

刘福来
刁 玫 主编

策划编辑 朱海波 杨雨晴
责任编辑 朱海波 杨雨晴
装帧设计 鲍龙卉

出版发行 法律出版社
编辑统筹 法律应用出版分社
责任校对 蒋 橙
责任印制 刘晓伟
经　　销 新华书店

开本 A5
印张 11.875 **字数** 360 千
版本 2024 年 5 月第 1 版
印次 2024 年 5 月第 1 次印刷
印刷 永清县金鑫印刷有限公司

地址:北京市丰台区莲花池西里 7 号(100073)
网址:www.lawpress.com.cn
投稿邮箱:info@lawpress.com.cn
举报盗版邮箱:jbwq@lawpress.com.cn
销售电话:010-83938349
客服电话:010-83938350
咨询电话:010-63939796

书号:ISBN 978-7-5197-9027-1　**定价**:58.00 元
凡购买本社图书,如有印装错误,我社负责退换。电话:010-83938349

守护生活的民法典

编委会

（按汉语拼音顺序排序）

CONTENTS

目 录

Part ONE

第一编 综合

Part TWO
第二编 婚姻、家庭、继承

Part THREE
第三编 房产物业

Part FOUR
第四编 劳动、劳务

Part FIVE 第五编 公司

Part SIX
第六编 知识产权

Part SEVEN
第七编 合同

Part EIGHT
第八编 消费、旅游

Part One

第一编 综合

1

001

谈谈见义勇为引发纠纷的裁判规则

FM99.6 厦门综合广播《新闻招手停》第1026期

主持人：海蕾

主讲人：沈玉洪律师*、陈慧颖律师**

热点问题发现

探寻社会中关注度高的热点问题

1. 什么是见义勇为？见义勇为如何确认？有哪些奖励方式和救济保护？

2. 见义勇为人员遭受不法侵害或损害的，受益人是否担责？如何担责？

3. 见义勇为造成受助人或他人人身及财产损害，救助人应否担责？

4."无侵权人"型见义勇为的司法实践中对见义勇为人员的补偿范围及数额如何确定？
5.见义勇为与无因管理的关联与界分？
6.职工因见义勇为受到伤害的，能否认定工伤？
7.在社区矫正期间或监狱服刑期间见义勇为的，能否减刑？

常见问题解答

一问一答为常见法律问题提供指南

问 **什么是见义勇为？见义勇为如何确认？**

答 见义勇为行为从《民法典》理解与适用来看，是指在没有约定义务，也没有法定义务的情况下，为了使国家利益、社会公共利益或者他人的合法权益不受或者免受损害，而实施的制止侵害、防止损失的行为。

《福建省奖励和保护见义勇为人员条例》第3条规定了见义勇为是指公民在法定职责、法定义务之外，为保护国家、集体利益和他人的人身、财产安全，挺身而出，与正在发生的违法犯罪行为作斗争或者抢险、救灾、救人的合法行为。

根据《福建省奖励和保护见义勇为人员条例》第6、7、8条的规定，见义勇为的确认由行为发生地县级公安机关负责。单位或个人举荐、行为人及其近亲属申请确认见义勇为的，应当自行为发生之日起二年内提出。公安机关接到举荐或申请后，应当在20个工作日内完成确认；情况复杂，不能在规定期限内完成的，经县级公安机关负责人批准，可以延长10个工作日。对因抢救需要、情况紧急且事实清楚的，经公安机关负责人批准，可以当场作出确认决定。

问 对确认为见义勇为的人员，有什么表彰和奖励？

答《福建省奖励和保护见义勇为人员条例》第10条规定，对确认为见义勇为的人员，可以给予单项或多项表彰奖励：具体有（1）通报嘉奖；（2）颁发奖金；（3）记功；（4）授予荣誉称号。如果被省和设区的市人民政府授予“见义勇为模范”或被省级人民政府授予“见义勇为英雄”荣誉称号的，可享受同级“劳动模范”待遇。

《福建省见义勇为人员表彰奖励暂行办法》第12条规定，（1）授予“省见义勇为英雄（群体）”荣誉称号的，每人颁发奖励金12万元；授予“省见义勇为模范（群体）”荣誉称号的，每人颁发奖励金10万元；给予嘉奖的，根据其表现和贡献，分三等进行奖励：一等每人奖8万元；二等每人奖7万元；三等每人奖6万元。（2）被设区市人民政府授予荣誉称号的，颁发不低于3万元的奖励金。（3）被县（市、区）人民政府授予荣誉称号的，颁发不低于5000元的奖励金。

《思明区奖励和保护见义勇为人员办法》第7条规定，区人民政府每年组织召开见义勇为表彰大会，特殊情况及时表彰奖励。对见义勇为人员授予“见义勇为积极分子”或“见义勇为模范”荣誉称号。其中，被授予“见义勇为积极分子”荣誉称号的，每人奖励2000元至5000元；被授予“见义勇为模范”荣誉称号的，每人奖励10000元至30000元。

问 见义勇为人员给被救助人造成损害的，见义勇为人是否担责？见义勇为人因保护他人受到损害的受益人是否担责？需要承担什么样的责任？

答《民法典》总则编第184条的规定了见义勇为实施紧急救助行为的责任豁免，即因救助造成的侵权责任豁免。该条俗称好人条款，其核心意义在于解决人们做好事时的后顾之忧，不用担心因过失造成损害而遭到追究，从而鼓励旁观者给需要救助的人员施以帮助。

所以说，见义勇为人即救助人，因其救助行为给受助人造成损害的，见义勇为人不承担责任。

见义勇为人因保护受助人受到损害的，根据《民法典》第183条的规定，由侵权人承担民事责任，受助人即受益人可以给予适当补偿。若没有侵权人、侵权人逃逸或者无力承担民事责任，见义勇为人作为受害人请求补偿的，受助人应当给予适当补偿。

问 见义勇为造成受助人或他人人身及财产损害，见义勇为人作为救助人应否担责？

答 根据《民法典》第184条的规定，因自愿实施紧急救助行为造成受助人损害的，见义勇为人即救助人不承担民事责任。

问 “无侵权人”型见义勇为的司法实践中对见义勇为人员的补偿范围及数额如何确定？

答 司法实践中存在两种确定方法：一是参照侵权案件确定补偿标准。二是直接酌情确定补偿金额。

补偿范围的计算标准可明确为人身损害赔偿计算标准。补偿数额的最终确定应在综合考量受益人受益情况及受益人经济情况等外部因素基础上合理厘定损失额。当案涉多个受益人时，应优先考虑由受益人按比例承担按份补充责任。关于补偿数额的具体认定，司法实践中由人民法院酌情判断。

问 见义勇为与无因管理的关联与界分？

答 二者的关联：见义勇为应属于无因管理的范围，但它是一种特殊的无因管理。

二者的区别：一是无因管理更加强调“无因”性，即没有法定或者约定的义务。而见义勇为虽有“无因”要求，但更有“见义”要求，即为保护国家利益、社会公共利益或者他人人身、财产安全，动机上具有较高的“利他”性。而无因管理的管理人则可能兼顾“利他”和“利己”的混合动机。二是无因管理行为具有“管理”性属性，此种行为一般需要支出必要的费用且通常无风险。而见义勇为行为中的“勇为”行为，一般体现为具有现实紧迫的抢险、救灾、救人等危险性行为,此种行为一般具有损害风险而通常没有费用支出。三是见义勇为案件中可能存在侵权人,即见义勇为行为人增加了向侵权人的救济途径,而无因管理中没有侵权人。

问 职工因见义勇为受到伤害的,能否认定工伤?

答 若职工为制止违法犯罪行为在工作期间受到伤害的,属于《工伤保险条例》第15条第1款第2项规定的为维护公共利益受到伤害的情形,应当视同工伤。

若职工非因工作原因实施救助导致伤亡的,不属于视同工伤的情形,不能认定为工伤。这在最高人民法院答复江西省高级人民法院《关于张贤锋、王年姣诉信丰县人力资源和社会保障局劳动与社会保障行政确认的请示》中有明确说明:非因工作原因对遇险者实施救助导致伤亡的,如未经有关部门认定为见义勇为,则不属于《工伤保险条例》第15条第1款第2项规定的视同工伤的情形。建议通过其他方式做好相关安抚工作,以妥善化解争议。

问 在社区矫正期间或监狱服刑期间见义勇为的,能否减刑?

答 社区矫正期间或监狱服刑期间,在日常生产、生活中舍己救人的;抗御自然灾害或者排除重大事故中,有突出表现的见义勇为可以认定为重大立功表现而予以减刑。这在《刑法》第78条减刑条件与限度,《最高人民法院关于办理减刑、假释案件具体应用法律的规定》第5条第5款、第6款中有明确规定。

典型案例分析

以案说法为纠纷处理提供具体的参考

案件名称：重庆市涪陵志大物业管理有限公司诉重庆市涪陵区人力资源和社会保障局劳动和社会保障行政确认案

案号：(2013)涪法行初字第00077号

审理法院：重庆市涪陵区人民法院

案例来源：最高人民法院关于发布第18批指导性案例之94号

基本案情 罗某均系重庆市涪陵志大物业管理有限公司(以下简称涪陵志大物业公司)保安。2011年12月24日，罗某均在涪陵志大物业公司服务的圆梦园小区上班(24小时值班)。8时30分左右，在兴华中路宏富大厦附近有人对一过往行人实施抢劫，罗某均听到呼喊声后立即拦住抢劫者的去路，要求其交出抢劫的物品，在与抢劫者搏斗的过程中，不慎从22步台阶上摔倒在巷道拐角的平台上受伤。罗某均于2012年6

月 12 日向被告重庆市涪陵区人力资源和社会保障局(以下简称涪陵区人社局)提出工伤认定申请。涪陵区人社局当日受理后,于 2012 年 6 月 13 日向罗某均发出《认定工伤中止通知书》,要求罗某均补充提交见义勇为的认定材料。2012 年 7 月 20 日,罗某均补充了见义勇为相关材料。涪陵区人社局核实后,根据《工伤保险条例》第 14 条第 7 项之规定,于 2012 年 8 月 9 日作出涪人社伤险认决字〔2012〕676 号《认定工伤决定书》,认定罗某均所受之伤属于因工受伤。涪陵志大物业公司不服,向法院提起行政诉讼。在诉讼过程中,涪陵区人社局作出《撤销工伤认定决定书》,并于 2013 年 6 月 25 日根据《工伤保险条例》第 15 条第 1 款第 2 项之规定,作出涪人社伤险认决字〔2013〕524 号《认定工伤决定书》,认定罗某均受伤属于视同因工受伤。涪陵志大物业公司仍然不服,于 2013 年 7 月 15 日向重庆市人力资源和社会保障局申请行政复议,重庆市人力资源和社会保障局于 2013 年 8 月 21 日作出渝人社复决字〔2013〕129 号《行政复议决定书》,予以维持。涪陵志大物业公司认为涪陵区人社局的认定决定适用法律错误,罗某均所受伤依法不应认定为工伤。遂诉至法院,请求判决撤销《认定工伤决定书》,并责令被告重新作出认定。

法院观点 被告涪陵区人社局是县级劳动行政主管部门,根据《工伤保险条例》第 5 条第 2 款的规定,具有受理本行政区域内的工伤认定申请,并根据事实和法律作出是否认定工伤的行政管理职权。被告根据第三人罗某均提供的重庆市涪陵区社会管理综合治理委员会《关于表彰罗某均同志见义勇为行为的通报》,认定罗某均在见义勇为中受伤,事实清楚,证据充分。

根据《工伤保险条例》第 15 条第 1 款第 2 项的规定,职工在抢险救灾等维护国家利益、公共利益活动中受到伤害的,视同工伤。据此,虽然职工不是在工作地点、因工作原因受到伤害,但其是在维护国家利益、公共利益活动中受到伤害的,也应当按照工伤处理。

另外,《重庆市鼓励公民见义勇为条例》为重庆市地方性法规,其第 19 条、第 21 条进一步明确规定,见义勇为受伤视同工伤,享受工伤待遇。该条例上述规定符合《工伤保险条例》的立法精神,有助于最大限度地保障劳动者的合法权益、最大限度地弘扬社会正气,在本案中应当予以适用。综上,被告涪陵区人社局认定罗某均受伤视同因工受伤,适用法律正确。

裁判结果 驳回重庆市涪陵志大物业管理有限公司要求撤销被告作出的涪人社伤险认决字〔2013〕524 号《认定工伤决定书》的诉讼请求。

律师分析 该案系典型的职工见义勇为,职工为制止违法犯罪行为在工作期间受到伤害,属于《工伤保险条例》第 15 条第 1 款第 2 项规定的为维护公共利益受到伤害应当视同工伤的情形。为弘扬了社会正气,维护了社会治安秩序,职工不顾个人安危与违法犯罪行为作斗争保护了他人的个人财产和生命安全，符合见义勇为特征。

对职工见义勇为能否认定为工伤，在司法认定上建议从宽把握判断救助行为是否为见义勇为，除看被救助者是否身处现实危险、救助者是否冒着危险实施救助，其救助行为有无符合社会主义核心价值观和正确导向外。对于有利于弘扬社会正气，在工作期间对身处现实危险的被救助者冒险实施救助受到伤害的可从宽解释和认定见义勇为行为，并依据《工伤保险条例》认定为视同工伤情形。

---

* 沈玉洪律师，福建旭丰律师事务所民事部副主任；厦门律协第九届刑事诉讼专业委员会委员；厦门律协第九届理事会公益法律服务工作委员会委员；厦门市优秀公益律师；2021 年至 2023 年被评为旭丰所履行社会责任先进律师、旭丰所优秀律师。专注领域：刑事辩护、商品房买卖合同纠纷、公司类合同纠纷、婚姻家事类纠纷与侵权纠纷解决、劳动争议、企事业单位法律风险防控与非诉法律服务。

** 陈慧颖律师，现任厦门市中级人民法院特邀调解员、厦门市思明区法律援助中心值班律师、厦门市翔安区劳动人事争议仲裁委员会兼职仲裁员、福建旭丰律师事务所民事专业委员会委员及劳动法专业委员会副主任。擅长领域：合同、劳动、侵权等民商事案件，2014 年和 2021 年办理的劳动争议案件被市法律援助中心评为“年度优秀案例”。

002

世界环境日专题

FM99.6 厦门综合广播《新闻招手停》第 105 期

主持人:海蕾

主讲人:黄樱律师*、王朔琛律师**

热点问题发现

探寻社会中关注度高的热点问题

1. 与生态环境有关的法律规定。
2. 与生态环境有关的司法案例。
3. 与生态环境有关的法律责任。
4. 保护生态环境,我们可以做什么?

常见问题解答

一问一答为常见法律问题提供指南

问 设立世界环境日的意义?

答 世界环境日设立的意义在于提醒全球注意地球状况和人类活动对环境的危害。联合国系统和各国政府在这一天通过开展各种活动来强调保护和改善人类环境的重要性。我国修订的《环境保护法》将联合国大会确定的世界环境日写入,规定每年6月5日为环境日。同时规定“公民应当增强环境保护意识,采取低碳、节俭的生活方式,自觉履行环境保护义务”。

问 我国有哪些有关生态环境的法律规定?

答 首先,我国的环境保护法律体系以《宪法》为总纲,《宪法》第26条规定:“国家保护和改善生活环境和生态环境,防治污染和其他公害。”《宪法》是我国的根本大法,从法律位阶来看,将环境保护条款写入《宪法》体现出我国对于生态环境保护是十分重视的。其次,以《环境保护法》为主干,以专门法律如污染防治类法律(如《水污染防治法》《大气污染防治法》《固体废物污染环境防治法》《噪声污染防治法》《放射性污染防治法》等)、生态保护类法律(如《水土保持法》《野生动物保护法》《防沙治沙法》等)、《海洋环境保护法》和《环境影响评价法》等为分支,构成环境保护法律体系。同时在被誉为“社会生活的百科全书”的《民法典》第

9 条也规定,“民事主体从事民事活动,应当有利于节约资源、保护生态环境”。这一条也被我们称为民法典中的“绿色原则”,其不仅是民事立法的指导方针,也是一切民事主体应遵循的行为准则。此外,关于环保法规还存在一些部门规章、地方性法规、管理办法、缔结的国际条约等,诸如对于每个厦门人都不会陌生的,对于日常生活垃圾需要进行分类处理,其主要根据的就是《厦门经济特区生活垃圾分类管理办法》。

问 我国在环境保护领域是否有刑法上的规定?

答 在我国《刑法》中,规定了诸如“污染环境罪”“非法处置进口固体废物罪”“非法捕捞水产品罪”“危害珍贵、濒危野生动物罪”“危害重点保护植物罪”“盗伐林木罪”等。犯罪主体可是个人,也可以是单位,在处罚上来说,对单位一般是判处罚金,对于直接负责的主管人员以及其他责任人员,可能会根据各项罪名的规定面临不同时长的有期徒刑或拘役、罚金等。

问 如果违反环境保护的相关法律规定,可能承担什么样的法律责任?

答 就行政责任而言,根据 2023 年 7 月 1 日正式实施的《生态环境行政处罚办法》,生态环境涉及行政处罚的种类主要有:(1)警告、通报批评;(2)罚款、没收违法所得、没收非法财物;(3)暂扣许可证件、降低资质等级、吊销许可证件、一定时期内不得申请行政许可;(4)限制开展生产经营活动、责令停产整治、责令停产停业、责令关闭、限制从业、禁止从业;

（5）责令限期拆除；（6）行政拘留；（7）法律、行政法规规定的其他行政处罚种类。

就民事责任而言，根据《环境保护法》第64条的规定，因为污染环境和破坏生态造成损害的，应当依照《侵权责任法》也就是现在的《民法典》侵权责任编的规定承担侵权责任，具体对应《民法典》第1229条，因污染环境、破坏生态造成他人损害的，侵权人应当承担侵权责任。

就刑事责任而言，根据我国《刑法》的有关规定，则有可能被判处罚金、拘役或者有期徒刑等。

问 我们平时在菜市场买菜，经常看到一些野生鱼类作为食材被贩卖，食用这种鱼会不会触犯法律？

答 总体来说，野生鱼类是可以食用的，但是属于保护动物的野生鱼类，依法不得以食用的方式进行利用。

根据全国人大常委会在疫情暴发初期表决通过的《全国人民代表大会常务委员会关于全面禁止非法野生动物交易、革除滥食野生动物陋习、切实保障人民群众生命健康安全的决定》（以下简称《决定》）的规定，全部的陆生野生动物都禁止食用，但未禁食全部水生野生动物。同时根据我国《渔业法》的规定，我国的渔业生产是以养殖为主，养殖，捕捞，加工并举的方式进行。那捕捞的对象，也就会是野生的水生动物。在人大常委会法制工作委员会（法工委）在对《决定》的答记者问中，也明确回复过："捕捞鱼类等天然渔业资源是重要的农业生产方式，也是国际通行做法”，所以鱼类等水生野生动物不列入禁食范围。

但《野生动物保护法》规定，“禁止为食用非法购买国家重点保护的野生动物及其制品”，所以，属于一级、二级国家保护动物的鱼类等水生野生动物，显然是不可以食用的，比如野生的娃娃鱼，又如早年间常在厦门大排档出现的中国鲎，是一种将近5亿年前的古老动物，这些现在都是国家二级保护动物。

问 我们在日常生活中能够为保护生态环境做些什么？

答 从公民的角度，首先，可以绿色出行减少排放，日常出行尽量选择公共交通、自行车或者走路。其次，我们要养成随手关灯，节约用电的习惯，在外出可以把大部分家居设备关掉，很多电器如电视机、电脑的“待机”模式，其实并不省电。如果短时间内不再需要使用这些电器，应该及时将它们完全关掉。在家时合理布置室内光源，让自然光的使用效率最大化。不需要开灯的地方及时关闭，这样既能保护视力又能节约电能。最后，还应该合理使用纸张，打印的时候尽量选择双面，用过的单面打印的纸张也可以将未使用的一面来进行利用。

此外，我们需要注重环保教育的普及，提高企业的环保合规意识，让每个人都了解环保法律，不断强化环保法律的执行和监督，这样才能不断提高环保行动的效率和成果。毕竟生态环境保护事关每个人的切身利益，是每位公民义不容辞的责任。每个人都应该从身边做起，从小事做起，在日常生活中厉行节俭，珍惜资源，减少污染，保护生态环境，共建清洁美丽家园。

典型案例分析

以案说法为纠纷处理提供具体的参考

案件名称：张某等1721人与福建省某化工公司环境污染责任纠纷案

审理法院：福建省高级人民法院

案例来源：《最高人民法院公报》2014年第11期（总第217期）

基本案情 福建省某化工公司自投产以来，对周边地区陆续造成污染，排放的废水、废气、废渣，对环境和人体造成严重损害。特别是排放的氯气，造成大片树林、竹林、果树、庄稼枯死，鱼虾不能生存。周围的居民张某等1721人提起诉讼，请求法院判令该化工公司立即停止侵害，赔偿农作物及竹、木等损失，清除厂内及后山的废渣。

法院观点 化工公司虽然主张其排放达标，但是污染物排放标准不是确定排污单位是否承担侵权赔偿责任的界限，化工公司未能举证证明其废气排放、废渣堆放与周围居民农作物受损没有因果关系，应当承担举证不能的责任，遂判令化工公司立即停止侵害，并赔偿山场林木、果树、毛竹和农作物等损失68.42万元，在限期内对场内及后山的废渣进行清理，并按规范进行处置，对原后山的堆场进行封场。

律师分析 这个案例涉及的是环境污染侵权责任，环境污染侵权责任的构成要件包括污染者有污染环境的行为、受害人有损害、污染者污染环境的行为与受害人的损害之间存在因果关系，其中最重要的就是因果关系的认定。鉴于环境侵权具有致害途径复杂多样、损害证明科学技术性强以及多因一果现象频发等特征，故在环境污染责任的认定中，由受害人对污染者的行为与其损害之间存在因果关系进行举证非常困难。如果仍然贯彻“谁主张，谁举证”的原则，由受害人承担因果关系的举证责任，则受害人很难获得救济。

我国《民法典》侵权责任编第1230条规定，环境污染侵权实行因果关系的举证责任倒置，将污染行为与损害之间不存在因果关系的举证义务加于污染者，在其举证不能时，则推定因果关系成立，从而认定环境污染责任成立。此外，环境污染责任还是无过错责任，污染者如有污染行为并造成损害的，除举证证明存在法律规定的不承担责任或者减轻责任的情形外，均应承担侵权责任。不得以排放达标为由提出抗辩减免责任。

*　黄樱律师，毕业于深圳大学，福建旭丰律师事务所律师，能源与环境保护业务部成员。

**　王朔琛律师，贵州大学法律硕士，福建旭丰律师事务所律师，能源与环境保护业务部成员。

003

从《教师法》与《中小学教育惩戒规则（试行）》谈谈中小学教师的权利与边界热点问题发现

FM99.6 厦门综合广播《新闻招手停》第 114 期

主持人：海蕾

主讲人：沈玉洪律师*、王朔深律师**

热点问题发现

探寻社会中关注度高的热点问题

1. 中小学教师享有哪些权利？在法律限度内可实施教育惩戒行为有哪些？

2. 中小学教师违反职业道德行为有哪些？受处罚后是否享有救济申诉权利？

3. 公办教师有偿补课、兼职、收受家长的礼品礼金是否涉及违规会被处罚？

4. 在教学活动中发生学生伤害事故，学校及教师的法律责任如何划分？
5. 教师醉酒驾车构成犯罪的会被降低岗位等级、撤职或开除公职吗？

常见问题解答

一问一答为常见法律问题提供指南

问 中小学教师享有哪些权利和义务？在法律限度内可实施的教育惩戒行为有哪些？

答 教师的权利主要在《教师法》第7条进行了明确规定。第7条规定教师享有的权利有：(1)进行教育教学活动，开展教育教学改革和实验；(2)从事科学研究、学术交流，参加专业的学术团体，在学术活动中充分发表意见；(3)指导学生的学习和发展，评定学生的品行和学业成绩；(4)按时获取工资报酬，享受国家规定的福利待遇以及寒暑假期的带薪休假；(5)对学校教育教学、管理工作和教育行政部门的工作提出意见和建议，通过教职工代表大会或者其他形式，参与学校的民主管理；(6)参加进修或者其他方式的培训。

《教师法》第25条还规定了教师的工资报酬、福利待遇，即教师的平均工资水平应当不低于或者高于国家公务员的平均工资水平，并逐步提高。建立正常晋级增薪制度。在第26条中还规定了中小学教师和职业学校教师享受教龄津贴和其他津贴的权利。对应在《教育法》第33条、第34条也谈到教师的权利。《义务教育法》第31条亦规定了教师工资福利保障和社会保险待遇改善、农村教师工资经费保障，也明确了教师的平均工资水平应当不低于当地公务员的平均工资水平。特殊教育教师享有特殊岗位补助津贴。在民族地区和边远贫困地区工作的教师享有艰苦贫困地区补助津贴。通过上述规定切实从福利待遇上对公办教师实行参公优待，此外为了提高教师的社会地位，《义务教育法》第28条还特别规定了全社会应当尊重教师。

与权利相对应的是义务，《教师法》第8条明确规定教师应当履行下列义务：(1)遵守宪法、法律和职业道德，为人师表；(2)贯彻国家的教育方针，遵守规章制度，执行学校的教学计划，履行教师聘约，完成教育教学工作任务；(3)对学生进行宪法所确定的基本原则的教育和爱国主义、民族团结的教育，法制教育以及思想品德、文化、科学技术教育，组织、带领学生开展有益的社会活动；(4)关心、爱护全体学生，尊重学生人格，促进学生在品德、智力、体质等方面全面发展；(5)制止有害于学生的行为或者其他侵犯学生合法权益的行为，批评和抵制有害于学生健康成长的现象；(6)不断提高思想政治觉悟和教育教学业务水平。

在教师的职业行为规范上，《义务教育法》第29条规定了教师在教育教学中应当平等对待学生,关注学生的个体差异,因材施教,促进学生的充分发展。应当尊重学生的人格,不得歧视学生,不得对学生实施体罚、变相体罚或者其他侮辱人格尊严的行为,不得侵犯学生合法权益。

《新时代中小学教师职业行为十项准则》、《中小学教师违反职业道德行为处理办法》以及《中小学教育惩戒规则(试行)》都对教师权利的边界,即职业行为的禁止作出了规定。

问 实施教育惩戒要把握哪些原则?

答 教育惩戒并不是体罚,《中小学教育惩戒规则(试行)》第 2 条第 2 款明确了教育惩戒是学校、教师基于教育目的,对违规违纪学生进行管理、训导或者以规定方式予以矫治,促使学生引以为戒、认识和改正错误的教育行为。因此,教育惩戒不是惩罚,而是教育的一种方式,与体罚不一样。《中小学教育惩戒规则(试行)》强调了教育惩戒的育人属性,是学校、教师行使教育权、管理权、评价权的具体方式。至于教师实施教育惩戒时要遵循、应当遵循哪些原则,根据《中小学教育惩戒规则(试行)》的规定,应当符合教育规律,遵循教育性、合法性、适当性的原则,选择与学生过错程度相适应的适当措施。《中小学教育惩戒规则(试行)》出台的目的和意义是让学校、教师会用、敢用、慎用教育惩戒,并使家长配合学校、教师教育和管理,共同营造良好教育生态,形成合力,达到最佳育人效果。

问 对违纪学生行为进行惩戒，具体有哪些违纪行为才能实施教育惩戒？

答《中小学教育惩戒规则（试行）》规定了学生存在不服从管理（如学生故意不完成学校或老师布置的学习任务，或者不服从学校的教育、管理要求）；扰乱课堂秩序和学校教育教学秩序（上课讲话、随意进出，冲撞影响干扰老师上课）；行为失范（吸烟、饮酒、谈恋爱、经常迟到、早退、旷课）以及学生打骂同学、老师，欺凌同学等行为，是可以实施教育惩戒的。

问 教育惩戒有哪几类？具体是怎么划分的？法律限度内教师可以实施的教育惩戒方式有哪些？

答 根据《中小学教育惩戒规则（试行）》第 8 ~ 10 条的规定，教育惩戒可以分为一般教育惩戒、较重教育惩戒和严重教育惩戒三类。

一是一般教育惩戒。适用于违规违纪情节轻微的学生，包括点名批评、责令赔礼道歉、做口头或者书面检讨、增加额外教学或者班级公益服务任务、一节课堂教学时间内的教室内站立、课后教导等。

二是较重教育惩戒。适用于违规违纪情节较重或者经当场教育惩戒拒不改正的学生，包括德育工作负责人训导、承担校内公益服务、接受专门的校规校纪和行为规则教育、被暂停或者限制参加游览以及其他集体活动等。在实施教育惩戒后，应当及时告知家长。

三是严重教育惩戒。适用于违规违纪情节严重或者影响恶劣,且必须是小学高年级、初中和高中阶段的学生,包括不超过一周的停课或停学并要求家长在家进行教育和管教、法治副校长或者法治辅导员训诫、专门人员辅导进行心理辅导及行为干预等。但实施教育惩戒前,应告知家长。

其主要目的还是帮助学生改正不良行为,让学生对自己的过失有足够的认识,并能为自己的过失负责,从而让学生更好地成长。那些对学生的身体与心理造成严重伤害的教育惩戒是肯定不可以的。

问 教育惩戒行为的尺度有没有相应的限制?会不会演变成体罚和变相体罚?教师实施惩戒的权利边界在哪里?

答 有限定的,特别说明一下,教育惩戒与体罚和变相体罚是不同性质的行为。为了防止实践中个别教师将体罚和变相体罚作为教育惩戒实施进行滥用,在《中小学教育惩戒规则(试行)》第12条中就对惩戒的尺度,划定了八条"红线":(1)以击打、刺扎等方式直接造成身体痛苦的体罚;(2)超过正常限度的罚站、反复抄写,强制做不适的动作或者姿势,以及刻意孤立等间接伤害身体、心理的变相体罚;(3)辱骂或者以歧视性、侮辱性的言行侵犯学生人格尊严;(4)因个人或者少数人违规违纪行为而惩罚全体学生;(5)因学业成绩而教育惩戒学生;(6)因个人情绪、好恶实施或者选择性实施教育惩戒;(7)指派学生对其他学生实施教育惩戒;(8)其他侵害学生权利的。通过划定这些"红线",有利于教师规范行为、把握尺度，也有利于学生、家长和社会监督。

问 对教师违法实施教育惩戒措施如何处理？规则有相应的规定吗？

答《中小学教育惩戒规则（试行）》第15条规定教师因实施教育惩戒与学生及其家长发生纠纷，学校应当及时进行处理，明确教师有无过错。对教师无过错的，不得因教师实施教育惩戒而给予其处分或者其他不利处理。但是如果教师违反本规则第12条规定其中任一情形的，对情节轻微的，学校应当予以批评教育；情节严重的，应当暂停履行职责或者依法依规给予处分；给学生身心造成伤害，构成违法犯罪的，由公安机关依法处理。

问 中小学教师违反职业道德的行为有哪些？受处罚后是否享有救济申诉的权利？

答《中小学教师违反职业道德行为处理办法》第4条规定了教师违反职业道德的行为：（1）在教育教学活动中及其他场合有损害党中央权威、违背党的路线方针政策的言行。（2）损害国家利益、社会公共利益，或违背社会公序良俗。（3）通过课堂、论坛、讲座、信息网络及其他渠道发表、转发错误观点，或编造散布虚假信息、不良信息。（4）违反教学纪律，敷衍教学，或擅自从事影响教育教学本职工作的兼职兼薪行为。（5）歧视、侮辱学生，虐待、伤害学生。（6）在教育教学活动中遇突发事件、面临危险时，不顾学生安危，擅离职守，自行逃离。（7）与学生发生不正当关系，有任何形式的猥亵、性骚扰行为。(8)在招生、考试、推优、保送及绩效考核、岗位聘用、职称评聘、评优评奖等工作中徇私舞弊、弄虚作假。(9)索要、收受学生及家长财物或参加由学生及家长付费的宴请、旅游、娱乐休闲等活动，向学生推销图书报刊、教辅材料、社会保险或利用家长资源谋取私利。(10)组织、参与有偿补课，或为校外培训机构和他人介绍生源、提供相关信息。

受处罚后的老师享有救济申诉的权利。《中小学教师违反职业道德行为处理办法》第 9 条规定了如果教师不服处理决定的，可以向学校主管教育部门申请复核。如果对复核结果不服，还可以向学校主管教育部门的上一级行政部门提出申诉。

问 公办教师有偿补课、兼职是否涉及违规会被处罚？

答 根据《严禁中小学校和在职中小学教师有偿补课的规定》的规定，严禁校内外有偿补课。如有违反，对于违反规定的中小学校，视情节轻重，相应给予通报批评、取消评奖资格、撤销荣誉称号等处罚，并追究学校领导责任及相关部门的监管责任。对于违反规定的在职中小学教师，视情节轻重，分别给予批评教育、诫勉谈话、责令检查、通报批评直至相应的行政处分。但教师可以从事一些诸如写小说、写文章赚取稿费以及通过自媒体，分享自己的教学心得、给予学生和家长相应的学习建议、分享教学过程中的趣事等工作，这些其实是有益于提升教师个人教学能力的。简言之，教师如从事非经营性活动的，不属于违规。

问 老师收受学生家长礼物、红包宴请是否属于违规？

答 我国《教育法》《新时代中小学教师职业行为十项准则》中明确规定禁止老师向学生及家长索要财物。同时教育部在2014年7月8日发布《严禁教师违规收受学生及家长礼品礼金等行为的规定》，再次强调教师不得利用职务便利收受学生及家长的礼品礼金，其中还包括：(1)严禁以任何方式索要或接受学生及家长赠送的礼品礼金、有价证券和支付凭证等财物。(2)严禁参加由学生及家长安排的可能影响考试、考核评价的宴请。(3)严禁参加由学生及家长安排支付费用的旅游、健身休闲等娱乐活动。(4)严禁让学生及家长支付或报销应由教师个人或亲属承担的费用。(5)严禁通过向学生推销图书、报刊、生活用品、社会保险等商业服务获取回扣。

问 教师在教学活动中发生学生伤害事故，学校赔偿后向其追偿，是否应承担赔偿责任？

答 根据《学生伤害事故处理办法》第27条的规定，因学校教师或者其他工作人员在履行职务中的故意或者重大过失造成的学生伤害事故，学校予以赔偿后，可以向有关责任人员追偿。该条明确了教师因故意或因重大过失造成学生伤害事故发生的，学校有权向教师追偿。除此之外，根据《民法典》第1191条的规定，即用人单位的工作人员因执行工作任务造成他人损害的规定，由用人单位承担侵权责任。用人单位承担侵权责任后，可以向有故意或重大过失的工作人员追偿。简言之，教师承担学生伤害事故责任的前提是教师本身对该事故具有故意或重大过失的责任。

问 教师醉酒驾车构成犯罪的会被降低岗位等级、撤职或开除公职吗？

答 教师因醉酒驾车构成危险驾驶罪的，要根据判决情况而定。若教师被依法判处拘役刑的，根据《中小学教师违反职业道德行为处理办法》第 11 条的规定，给予降低岗位等级或者撤职以上处分；若教师被依法判处有期徒刑以上刑罚的，根据上述规定，给予开除处分。若受到剥夺政治权利或者因故意犯罪受到有期徒刑以上刑事处罚的，还将丧失教师资格。

---

*　沈玉洪律师，福建旭丰律师事务所民事部副主任；厦门律协第九届刑事诉讼专业委员会委员；厦门律协第九届理事会公益法律服务工作委员会委员；厦门市优秀公益律师；2021 年至 2023 年被评为旭丰所履行社会责任先进律师、旭丰所优秀律师。专注领域：刑事辩护、商品房买卖合同纠纷、公司类合同纠纷、婚姻家事类纠纷与侵权纠纷解决、劳动争议、企事业单位法律风险防控与非诉法律服务。

**　王朔琛律师，贵州大学法律硕士，福建旭丰律师事务所律师，能源与环境保护业务部成员。

Part Two

第二编 婚姻、家庭、继承

2

004

谈谈“同居期间的财产分割问题”

FM99.6 厦门综合广播《新闻招手停》第 89 期

主持人：海蕾

主讲人：陈晓莹律师*、黄婧雯律师**

热点问题发现

探寻社会中关注度高的热点问题

1. 持续、稳定的共同生活是分割同居期间共同财产的前提条件。

2. 同居伴侣是否可以签订协议对同居期间的财产归属进行约定？

3. 同居析产纠纷案件中财产分割有何裁判标准？

常见问题解答

一问一答为常见法律问题提供指南

问 “同居”在法律上是否包括未婚男女共同生活，也包括一方已婚但仍与他人共同居住的情形？

答 广义的同居概念确实包含以上两种情况。司法实践中，虽然存在有配偶者与他人同居以及因婚姻无效或被撤销而按同居关系处理的析产纠纷。但人民法院受理的同居关系析产纠纷主要是男女双方未办理结婚登记而以夫妻名义共同生活，同居关系结束后，因分割同居期间所得财产所产生的纠纷。

问 法律对于同居关系析产纠纷是如何规定的？

答 目前法律及司法解释仅就无效的或被撤销婚姻情况下的同居财产归属进行了明确规定，具体而言，《民法典》第1054条规定，无效的或者被撤销的婚姻自始没有法律约束力，当事人不具有夫妻的权利和义务。同居期间所得的财产，由当事人协议处理；协议不成的，由人民法院根据照顾无过错方的原则判决。对重婚导致的无效婚姻的财产处理，不得侵害合法婚姻当事人的财产权益。《最高人民法院关于适用〈中华人民共和国民法典〉婚姻家庭编的解释（一）》第3条及第23条明确规定，当事人因同居期间财产分割或子女抚养纠纷提起诉讼的，人民法院应当受理。被确认无效或者被撤销的婚姻，当事人同居期间所得的财产，除有证据证明为当事人一方所有的外，按共同共有处理。因此，对于男女双方未经结婚登记，持续、稳定地共同生活，在某些方面与婚姻关系有着相似特征的同居关系中，同居生活期间双方共同所得的收入和购置的财产如何认定归属并没有十分明确的单独规定，但在司法实践中已经形成了部分可供参考的裁判规则。

问 双方存在“持续、稳定的共同生活”的同居事实要件，是分割同居期间共同财产的前提条件吗？

答 是的。广东省深圳市中级人民法院作出的(2020)粤03民终6732号二审判决明确了这一审判观点。该案例中，向某要求解除与李某的同居关系并分割双方在同居关系期间购置的共同财产，其诉讼目的如欲实现，应当举证证实双方在同居关系期间共同创造收入并购置财产。向某主张其与李某自2001年开始同居至今，但根据香港特别行政区区域法院判决，李某与其配偶、婚生子女及母亲共同生活在香港的自置物业中，其在内地的物业已经售出，向某应当提供证据对上述香港特别行政区的判决所认定的事实予以反驳，但其并未有效举证。即使其主张的李某与其同居的方式是李某周末偶尔过来住一下，也不符合“持续、稳定的共同生活”的同居事实要件。特别是双方在近十年间存在多宗抚养费纠纷的案件，存在严重的利益冲突和矛盾，在此情况下，双方仍然能够保持如向某所主张的同居方式显然不符合常理。另外，向某并无证据证实双方为同居生活共同创造了财富或购置了财产，其主张分割李某拥有的巨额财产 2 亿元并未有相关证据予以证实。即使其陈述属实，在其不能证实李某拥有的上述财产是基于双方的同居关系产生或者用于双方的同居生活的情况下，李某的个人收入状况亦与向某无关，向某亦无权分割。

问 同居伴侣是否可以签订协议来确定同居期间的财产归属？

答 可以。如果双方能签订合法有效的书面协议，作为处理同居期间财产分割问题的依据，可以进一步保障男女双方的权益。广东省深圳市龙岗区人民法院在(2019)粤 0307 民初 14091 号案件中作出如下阐述：关于原、被告签字确认的书面协议的法律性质及法律效力。该协议系原、被告同居期间协商一致签订，约定了小孩的抚养权和共同财产的处理等问题，被告及第三人张某认为该协议为赠与合同或者遗嘱，本院认为案涉房产系原、被告同居期间所得财产，当事人有权协议处理，该协议的财产处理和子女抚养问题不能分割开来，两者有紧密联系，故该协议不应认定为赠与合同或者遗嘱。又因案涉房产的款项源于原、被告共同出资，故原、被告协议处理该案涉房屋并未影响第三人张某的权益，原、被告签订的书面协议未违反法律强制性规定，合法有效，被告应当按照协议内容履行约定义务。因此，签订合法有效的书面协议来处理同居期间财产分割问题，是规避同居生活法律风险的一种途径。

问 如果双方讼争的同居期间取得的财产属于彩礼，法院通常会如何认定归属？

答 辽宁省高级人民法院在(2021)辽民申5731号同居关系析产纠纷民事申请再审审查民事裁定书中明确：本案中，双方未办理结婚登记手续，被申请人要求返还彩礼，应当予以支持。关于应返还的彩礼款数额问题，原审法院在考虑双方同居时间、同居生活期间日常支出等因素的基础上，酌定返还彩礼款数额，并无不当，沈某宏的再审理由不能成立，本院不予支持。因此，如果双方有争议的财产属于彩礼，那么通常会根据同居时间、同居生活期间日常支出等因素以及彩礼的返还规则认定该财产归属。

问 同居期间的财产发生混同，在无法区分份额的情况下，实务中倾向于如何分割？

答 针对财产混同的情形，现有案例是支持作为共同共有财产予以分割的。(2019)最高法民申44号案例中，最高人民法院认为，郑某2名下存款亦形成于二人共同生活期间，原审鉴于郑某1未能举证证明郑某2经营孤儿院的收入或存在其他收入，并考虑二人长期同居生活的事实，认定同居期间财产已经混同，在无法区分份额的情况下作为共同共有财产予以分割亦无不当。

问 法院在同居析产纠纷中是否会考虑妇女、儿童的权益保障？

答 在同居析产纠纷的审判中，人民法院应当考虑妇女、儿童的权益保障。(2017)粤民申3709号同居关系析产纠纷再审审查与审判监督民事裁定书中，广东省高级人民法院认为该案关于案涉房产的权益如何分配的问题，当事人在同居期间共同出资购房登记于双方名下，因双方之间特殊的身份关系和共同生活的情况，应遵循照顾妇女、儿童权益的原则，同时考虑房屋产权登记情况和双方实际出资情况进行分割。这个案例体现了分割同居生活期间双方共同购置的财产时会考虑财产的实际情况和照顾妇女、儿童利益的原则。

典型案例分析

以案说法为纠纷处理提供具体的参考

案件名称：涂某与徐某同居关系析产纠纷案

案号：(2019)赣民再5号

审理法院：江西省高级人民法院

案例来源：中国裁判文书网

基本案情 本案中双方当事人涂某与徐某系同居关系，关于开始同居的时间，涂某自述为1993年9月前后，徐某自述为1997年9月前后，双方均认可于2015年6月解除同居生活关系。2012年4月19日,双方出资共同设立了某公司。涂某提起本案诉讼,要求分割其与徐某同居期间购买的汽车、房屋和某公司股权,因某公司设立于涂某与徐某同居生活期间,股东仅为涂某和徐某两人,在同居关系解除后,涂某请求对同居期间用共同财产投入成立的公司股份进行重新分割。

法院观点 关于具体的股份分割比例问题,某公司设立时的工商档案资料中虽显示徐某出资160万元,享有公司80%股权,涂某出资40万元,享有20%股权,但公司设立时徐某与涂某已同居生活十余年,双方同居期间的收入用于共同的生活消费,双方财产已混同,故本案有别于普通股东之间的股权分配纠纷,根据《最高人民法院关于人民法院审理未办结婚登记而以夫妻名义同居生活案件的若干意见》第8条和第10条的规定,应综合双方对于某公司的出资来源、经营管理、贡献大小等实际情况,按一般共有财产来进行妥善分割。

裁判结果 (1)撤销江西省南昌市中级人民法院(2018)赣01民终185号民事判决;(2)维持南昌经济技术开发区人民法院(2015)洪经民初字第800号民事判决。一审案件受理费15150元、财产保全费5000元,共计20150元,由涂某负担12650元、徐某负担7500元,二审案件受理费15150元,由徐某负担。

律师分析 现实生活中,同居析产纠纷需要处理的财产表现形式多样,有房产、汽车，也有股权等财产类型。根据《最高人民法院关于人民法院审理未办结婚登记而以夫妻名义同居生活案件的若干意见》的规定，同居生活期间双方共同所得的收入和购置的财产，考虑产权登记情况和双方实际出资情况，按一般共同财产进行分割。虽然《最高人民法院关于人民法院审理未办结婚登记而以夫妻名义同居生活案件的若干意见》已经被《最高人民法院关于废止部分司法解释及相关规范性文件的决定》废止，但目前还没有出台具体规定，现有案例可以作为参考。

---

* 陈晓莹律师，伦敦大学国王学院国际商法硕士，福建旭丰律师事务所涉外业务部副主任，沧州仲裁委员会仲裁员，海口国际商事调解中心特邀调解员，福建省涉外律师人才库入库律师，厦门市涉外律师人才库入库律师，入选司法部涉外律师人才高级研修班。

** 黄婧雯律师，福建旭丰律师事务所专职律师、劳动和社会保障业务部委员，厦门市劳动人事争议仲裁院兼职仲裁员。

005

婚姻家庭中的股权问题探讨

FM99.6 厦门综合广播《新闻招手停》第 112 期

主持人：海蕾

主讲人：方凡佳律师*、朱姝宣实习律师

热点问题发现

探寻社会中关注度高的热点问题

1. 股权是夫妻个人财产还是夫妻共同财产？
2. 期权、激励股权是否属于夫妻共同财产？
3. 工商登记份额是否属于夫妻财产约定？
4. 婚姻家庭中常见的股权分割问题。
5. 不同角度的风险防范建议。

常见问题解答

一问一答为常见法律问题提供指南

问 股权到底是夫妻个人财产还是共同财产？

答 根据《民法典》第1062条之规定，婚后夫妻一方或者共同所得的财产均属于夫妻共同所有。聚焦到股权问题，我们可以从三个方向具体展开探讨，分别是婚前取得的个人股权、婚后个人出资购买的股权以及婚后双方共同出资购买的股权。具体而言，婚前取得的个人股权在婚后的“主动增值”部分属于夫妻共同财产。婚后配偶一方以个人财产出资取得股权的行为可以被认为是一种投资行为，因此尽管投资行为的财产来源是个人财产，但这一行为发生在婚姻关系存续期间，属于婚后通过股权投资获取收益，其性质特别是投资收益部分就转变为了夫妻共同财产。关于婚后以夫妻共同财产出资购买的股权，这个部分比较没有疑问，属于夫妻共同投资行为，这种情形下取得的股权本身和股权收益都属于夫妻共同财产。

问 经常在新闻中看到的一类股权类型叫作期权，它与普通股票有什么区别？

答 股票期权是指上市公司授予激励对象，在未来一定期限内以预先确定的条件，购买本公司一定数量股份的权利。期权与劳动关系有着非常密切的联系，是用于激励本单位员工的，因此股票期权实际具有非常强的人身属性。其作为一种特殊的财产权利,一方面存在财产取得上的不确定性,是一种期待利益;另一方面与权利人的人身关系密不可分。股票是一种金融资产,代表对公司的所有权;而期权作为一种特殊的财产权利,更像是一种金融工具,代表对标的资产的买卖权利。

问 期权、激励股权是否属于夫妻共同财产?

答 期权、激励股权属于夫妻共同财产具有论证上的可行性,期权、激励股权行权后获得的股票或者收益是否属于夫妻共同财产,需要根据行权时间、行权出资情况等具体进行分析。

问 工商登记份额是否属于夫妻财产约定?

答 对于股权登记在双方名下,各占部分股份的,原则上除非有证据证明双方明确约定了股权归属,否则工商登记的股权比例不能视为夫妻在婚内对于股权进行了约定。我们认为,登记行为属于商业行为,不能直接推断出夫妻双方对财产进行了约定,不能适用《民法典》婚姻家庭编有关夫妻共同财产书面约定的条款。除非夫妻双方另外签订了财产协议,以书面形式明确表达公司登记的股权比例就是夫妻双方对共有财产的分割约定,否则不应将工商登记的股权比例视为夫妻财产约定。

问 家庭财产分割涉及有限责任公司股权分割时,公司其他股东可以购买吗?

答 正常情况下的夫妻股权分割,可以转让给公司内的其他股东,也可以转让给公司以外的其他人，但是根据《最高人民法院关于适用〈中华人民共和国民法典〉婚姻家庭编的解释（一）》第 73 条的规定，在同等条件下，公司内其他股东享有优先购买权。

在继承引起的股权分割中，根据《最高人民法院关于适用〈中华人民共和国公司法〉若干问题的规定（四）》第 16 条的规定，有限责任公司的自然人股东因继承发生变化时，其他股东主张依据《公司法》第 71 条第 3 款规定行使优先购买权的，人民法院不予支持，但公司章程另有规定或者全体股东另有约定的除外。即自然人股东死亡后，在没有其他约定的情况下，有限责任公司股东的合法继承人有权继承股东资格，其他股东没有优先购买权。

问 一人公司的股权能否转让？

答 一人有限责任公司的本质仍然是有限责任公司，但相较其他有限责任公司而言较为容易出现股东与公司人格混淆的情况。特别是在离婚状态下，若一人有限责任公司的独立地位被否认，对离婚分割前的债务，配偶双方均需以其分割获得的财产对离婚前的债务承担连带责任。总结来说，法律并不禁止对一人有限责任公司的股权转让，但应做好家企隔离，避免个人财产或者家庭财产与公司财产发生混同，只有这样才不会在离婚分割时被债权人主张承担连带责任。

问 有什么方式可以避免涉及离婚或者继承时的股权分割风险？

答 第一，从公司其他股东的角度来讲，为了防止因某一股东婚变引起股权分割及公司动荡，可要求公司股东提供《配偶同意函/配偶确认函》，通过持股股东对非持股配偶给予利益补偿，换取非持股配偶对共同财产中股权部分的放弃，从而排除或降低股东婚变对公司产生的影响。此外，为了防止股东突然身故引发的继承纷争，可以通过公司章程进行防范，例如事先在公司章程中约定股东去世后，其股份不当然由其继承人继承，从而确保和维持公司的人合属性。

第二，从持股人的角度来讲，为避免婚变引起的股权分割，可以提前通过协议划分夫妻各自的财产界限。继承问题上亦早做打算，比如股权实际控制人可以通过提前签署效力明确的遗嘱及其他文件做好身后规划，有必要时甚至可以要求所有继承人签署一致行动协议。

第三，从非持股配偶的角度来讲，如果过往没有实际经营公司的经验，分到的股权可能是一种负担，在经营管理上容易与其他股东产生矛盾，建议尽早进行评估、确定股票价值，尽可能地争取股权补偿款。

典型案例分析

以案说法为纠纷处理提供具体的参考

案件名称：高某与刘某离婚后财产纠纷案

案号：(2016)京0108民初34393号

审理法院：北京市海淀区人民法院

案例来源：中国裁判文书网

基本案情 高某与刘某于1998年7月2日登记结婚，高某与刘某于2012年9月20日经北京市朝阳区人民法院依法判决离婚，后于2012年12月1日经二审法院维持原判。华谊传媒公司于2012年10月31日授予高某股票期权，行权条件包括2012年到2014年三个会计年度中公司绩效考核达标和个人工作考核合格。刘某所持有的期权分别三次行权，其中2012年的婚姻存续期间，因公司业绩未达标，相应期权被注销。高某认为，离婚时刘某故意隐瞒其在婚姻存续期间持有的上述股票，导致离婚时未对该股票进行分割，故向法院请求分割刘某所持华谊传媒公司股票。

法院观点 首先，股票期权是刘某公司作为激励机制而赋予员工有条件地购买本企业股票的资格，是一种期待权，并不具有确定价值的财产性权益。因此,股票期权因其期待权的特性,而不能确定将来是否获得财产权利,及获得财产权利的多少。其次,刘某持有的期权转化为可实际取得财产权益的股票,必须以员工在公司工作时间的积累为前提条件,具有一定的人身特性。最后,刘某所持有的期权分别三次行权,其中2012年,即婚姻存续期间,其行权资格因考核不合格而被注销。此后两次行权资格考核的是双方离婚后刘某的业绩,且行权的出资亦由刘某婚后个人财产予以支付。综上,刘某现持有的华谊传媒公司股票不属于夫妻共同财产。

裁判结果 驳回高某的全部诉讼请求。

律师分析 上述案例并不能得出期权属于个人财产的结论,我们对比(2018)冀0227民初617号案例(来源:中国裁判文书网):2014年12月9日,李某与侯某因感情不和协议离婚,侯某婚内取得了公司授予的购股权,但其在2018年离婚后获得了该股权,李某得知后就请求分割股票期权。法院分析认为,案涉股票期权系侯某在婚姻关系存续期间获得的,属于夫妻共同财产,但因为股票期权的人身性,李某无权要求分割股票期权,而是判决分割侯某因股票期权取得的实际收益。

所以我们可以总结以下两点:

第一,期权属于夫妻共同财产具有论证上的可行性,期权行权后获得的股票或者收益是否属于夫妻共同财产,需要根据行权时间、行权出资等具体情况进行分析。

第二，认定为夫妻共同财产的股票期权，因其期待权的特性以及较强的人身属性，法院一般不支持直接分割股票，通常采取折价的方式分割，至于分割的份额也需要具体情况具体分析。

---

* 方凡佳律师，厦门大学法学院民商法学硕士；福建旭丰律师事务所高级合伙人、党总支委员、民事专业委员会主任；入选省市两级优秀青年律师人才库；厦门市中级人民法院调解员；厦门大学法学院兼职讲师；福建省律师协会首批专业评定律师；内地—香港联合调解中心国际专业调解员。

006

谈谈“涉外婚姻那些事儿”

FM99.6 厦门综合广播《新闻招手停》第113期

主持人：海蕾

主讲人：黄嘉琳律师*、陈晓莹律师**

热点问题发现

探寻社会中关注度高的热点问题

1. 夫妻双方都是中国公民，也可能是涉外婚姻？——涉外婚姻的具体类型。

2. 夫妻都是中国内地居民，也可以在境外登记结婚？——涉外婚姻登记材料。

3. 涉外婚姻去哪里起诉离婚？——涉外婚姻起诉离婚的管辖问题。

4. 境内、外均有资产如何订立婚前协议？——涉外婚姻的婚前协议注意事项。

常见问题解答

一问一答为常见法律问题提供指南

问 涉外婚姻具体有哪些类型？

答 根据《最高人民法院关于适用〈中华人民共和国涉外民事关系法律适用法〉若干问题的解释（一）》第1条、第17条及《最高人民法院关于适用〈中华人民共和国民事诉讼法〉的解释》第520条、第549条对于涉外民事关系认定的相关规定，若夫妻国籍、婚姻缔结地、经常居所地中有涉外因素即可认定为涉外婚姻，涉及港澳台地区的民事诉讼案件可以参照适用涉外民事诉讼程序的特别规定，因此一般也认为与港澳台地区相关的婚姻也属于涉外婚姻范畴。因此，如果将主体作为分类对象，涉外婚姻概括而言包括以下三种具体的类型：（1）夫妻双方都是中国公民，但经常居所地或者婚姻缔结地在国外或者港澳台地区；（2）夫妻一方是中国公民，一方是外国公民或港澳台居民；（3）夫妻双方均为外国公民或港澳台居民，但是婚姻缔结地或者居住地在中国内地（大陆）。

问 一方是非中国内地居民，一方是中国内地居民，可以在中国内地登记结婚吗？

答 可以。根据《婚姻登记条例》第4条、《国务院关于同意扩大内地居民婚姻登记“跨省通办”试点的批复》（国函〔2023〕34号）的规定，如果双方都是内地居民，部分试点省市可以在其中一方经常居住地登记结婚;但一方是非内地居民的,只能在内地居民户口所在地登记结婚。也就是说,在其中一方是非内地居民场景下,如果要在中国内地登记结婚,需要去另一方即内地居民户口所在地进行结婚登记。

问 涉外婚姻登记结婚具体需要哪些材料?

答 一方非中国内地居民在内地与内地居民登记结婚的材料,可依据《婚姻登记条例》第5条进行准备,具体而言,内地居民应当出具下列证件和证明材料:(1)本人的户口簿、身份证;(2)本人无配偶以及与对方当事人没有直系血亲和三代以内旁系血亲关系的签字声明。办理结婚登记的香港居民、澳门居民、台湾居民应当出具下列证件和证明材料:(1)本人的有效通行证、身份证;(2)经居住地公证机构公证的本人无配偶以及与对方当事人没有直系血亲和三代以内旁系血亲关系的声明。办理结婚登记的华侨应当出具下列证件和证明材料:(1)本人的有效护照;(2)居住国公证机构或者有权机关出具的、经中华人民共和国驻该国使(领)馆认证的本人无配偶以及与对方当事人没有直系血亲和三代以内旁系血亲关系的证明,或者中华人民共和国驻该国使(领)馆出具的本人无配偶以及与对方当事人没有直系血亲和三代以内旁系血亲关系的证明。办理结婚登记的外国人应当出具下列证件和证明材料:(1)本人的有效护照或者其他有效的国际旅行证件;(2)所在国公证机构或者有权机关出具的、经中华人民共和国驻该国使(领)馆认证或者该国驻华使(领)馆认证的本人无配偶的证明,或者所在国驻华使(领)

馆出具的本人无配偶的证明。

问 需要满足什么条件才能够采取协议方式解除涉外婚姻？

答 涉外婚姻关系的解除通常也是协议和诉讼两种方式，但是协议离婚需要具备一定条件。依据《婚姻登记条例》第10条第2款“中国公民同外国人在中国内地自愿离婚的，内地居民同香港居民、澳门居民、台湾居民、华侨在中国内地自愿离婚的，男女双方应当共同到内地居民常住户口所在地的婚姻登记机关办理离婚登记”与第12条“办理离婚登记的当事人有下列情形之一的，婚姻登记机关不予受理：（一）未达成离婚协议的；（二）属于无民事行为能力人或者限制民事行为能力人的；（三）其结婚登记不是在中国内地办理的”之规定，涉外协议离婚的要件为：第一，双方至少有一方为中国公民；第二，双方已达成离婚协议；第三，双方系完全行为能力人；第四，双方结婚登记在中国内地办理。只有满足以上四个要件，双方才可到内地一方居民的常住户口所在地的婚姻登记机关办理涉外离婚登记。若不满足以上条件，双方只能通过人民法院诉讼离婚。

问 以诉讼方式解除涉外婚姻，如何选择管辖法院？

答 我国现有法律体系对涉外离婚案件的管辖权确定，主要是考虑国籍、住所地（经常居住地）、婚姻缔结地三个因素。具体而言，一方是外国人另一方是中国人，或者双方是外国人但有一方在中国经常居住的情况比较常见，根据《中华人民共和国民事诉讼法》第22、23、270条的规定，若提起涉外离婚诉讼，如果被告有经常居住地的，由被告经常居住地法院管辖；如果被告没有经常居住地，但有住所地的，由被告住所地人民法院管辖；如果被告不在中华人民共和国领域内居住，由原告住所地人民法院管辖；原告住所地与经常居住地不一致的，由原告经常居住地人民法院管辖。除前文提及《民事诉讼法》相关规定外，《最高人民法院关于适用〈中华人民共和国民事诉讼法〉的解释》第13、14、15、16、17条也补充了涉外离婚纠纷管辖权的以下几种确定方式：对于在国内结婚并定居国外的华侨，如定居国法院以离婚诉讼须由婚姻缔结地法院管辖为由不予受理，当事人向人民法院提出离婚诉讼的，由婚姻缔结地或者一方在国内的最后居住地人民法院管辖。对于在国外结婚并定居国外的华侨，如定居国法院以离婚诉讼须由国籍所属国法院管辖为由不予受理，当事人向人民法院提出离婚诉讼的，由一方原住所地或者在国内的最后居住地人民法院管辖。若中国公民一方居住在国外，一方居住在国内，无论哪一方向人民法院提起离婚诉讼，国内一方住所地人民法院都有权管辖。国外一方在居住国法院起诉，国内一方向人民法院起诉的，受诉人民法院有权管辖。对于中国公民双方在国外但未定居，一方向人民法院起诉离婚的，应由原告或者被告原住所地人民法院管辖。已经离婚的中国公民，双方均定居国外，仅就国内财产分割提起诉讼的，由主要财产所在地人民法院管辖。

问 签署涉外婚姻婚前协议有哪些注意事项？

答 实务中，当婚前协议存在涉外因素时，首先需要关注所适用的准据法。《涉外民事关系法律适用法》第24条规定赋予签署婚前协议的双方在法律规定的范围内协议选择准据法的权利，因此，在订立婚前协议时建议大家在协议中增加法律适用的相关约定，以尽量避免因法律适用导致协议效力存在较大不确定性的风险。同时，国内法院在审理涉境外资产的婚姻家事案件时，可能会碰到与境外资产所在地尚未有相关司法互助协定的情况，国内法院会难以查明境外资产的相关信息；若与境外资产所在地未有相互承认与执行生效民商事裁判文书的双边协定或国际条约，即使国内法院对于境外的资产进行了处理，其判决也可能难以在境外得到承认与强制执行。因此，目前国内法院审理涉及境外资产的婚姻家事案件时，除双方达成一致或者对于境外资产的权属及价值已经查明确认外，通常对于境外资产不予处理。基于这种现状，建议大家在签婚前协议时，对于境外资产所在地法律进行比较充分的调研，了解当地对于婚前财产、婚内财产的相关规定（包括是否接受婚前协议、是否承认婚前协议效力等），根据境内外法律的规定综合考量约定婚前协议的内容，以降低婚前协议签订后履行过程中可能面临的法律风险。

典型案例分析

以案说法为纠纷处理提供具体的参考

案件名称：杨某与朱某1离婚纠纷案

案号：(2021)闽0205民初830号

审理法院：厦门市海沧区人民法院

案例来源：中国裁判文书网

基本案情 杨某与朱某1经人介绍于2013年7月认识，后登记结婚并生育婚生子朱某2。杨某婚后发现被告朱某1家庭观念淡薄，且孩子出生后不久被告回台湾地区工作生活，原告和孩子则继续在厦门市生活，2019年11月起双方分居。现夫妻感情彻底破裂，要求离婚并抚养婚生子。

法院观点 本案系离婚纠纷。朱某1系台湾地区居民，杨某现居住于厦门市，本案属于厦门市中级人民法院指定由厦门市海沧区人民法院集中管辖的涉台案件，因此法院对本案有管辖权。本案为涉台离婚纠纷，应当参照涉外案件处理并适用中华人民共和国法律。

裁判结果 驳回原告杨某的全部诉讼请求。

律师分析 确定涉外离婚纠纷案件的管辖法院时，除按照《民事诉讼法》、

《最高人民法院关于适用〈中华人民共和国民事诉讼法〉的解释》等相关规定进行选择外，还要考虑是否存在集中管辖的问题，本案中，厦门市就将涉台案件集中归属于海沧区人民法院进行管辖。

---

* 黄嘉琳律师，旭丰律师事务所涉外业务部副主任，厦门市律协海丝法务工作委员会总干事，厦门市律协涉外专业委员会委员，厦门市海丝商事海事调解中心理事、执行主任，国际争议解决及风险管理协会国际调解专家、国际专业调解导师，内地—香港联合调解中心国际调解专家。

** 陈晓莹律师，伦敦大学国王学院国际商法硕士，福建旭丰律师事务所涉外业务部副主任，沧州仲裁委员会仲裁员，海口国际商事调解中心特邀调解员，福建省涉外律师人才库入库律师，厦门市涉外律师人才库入库律师，入选司法部涉外律师人才高级研修班。

007

谈谈民法典时代抚养权问题

FM99.6 厦门综合广播《新闻招手停》第 84 期

主持人：海蕾

主讲人：林炎杰律师*、曾浩律师**

热点问题发现

探寻社会中关注度高的热点问题

1. 监护权和抚养权有什么区别？
2.《民法典》婚姻家庭编关于抚养权的规定？
3. 为了得到孩子的抚养权，需要准备什么证据？
4. 抚养权是否可以变更？
5. 未获得抚养权的一方，抚养费如何计算？
6. 一方拒绝探望怎么办？

常见问题解答

一问一答为常见法律问题提供指南

问 监护权和抚养权有什么区别？

答 监护权基于亲权而产生，抚养权基于血亲（含拟制血亲）而产生。父母离婚后，监护权并未改变，父母离异之后争夺的是子女的抚养权而非监护权，父母均仍应履行监护职责。

监护权是监护人对于未成年人和精神病人等无民事行为能力人或限制行为能力人的人身权益、财产权益所享有的监督、保护的身份权。一般情况下，亲生父母就是孩子的监护人。特殊情况下，比如父母对孩子有故意伤害、虐待、遗弃等情形，则其法定监护权就可能被剥夺，从而移交监护权。

抚养权是指父母对其子女保护、教养的一项人身权利，抚养权是做父母的权利和义务。拥有了子女的抚养权，就可以让子女和自己一起生活。无论父母双方是协议离婚，还是法院判决、调解，双方离婚后，未获得抚养权的一方有权提起变更抚养之诉。

问 离婚时如何获得孩子的抚养权？

答 如果是协议离婚，可以通过协商的方式获得孩子的直接抚养权，签离婚协议书时也应写明子女随哪方生活。如果协商不成，可以通过诉讼的方式解决，由法院判决孩子的抚养权归属哪一方。

问 法律关于抚养权是如何规定的？

答 关于抚养权的内容规定在《民法典》婚姻家庭编，根据孩子的不同年龄、情况有着不同的规定：

1. 哺乳期内的孩子。虽然在实际生活中婴儿哺乳期因人而异，但司法实践中通常将“哺乳期内的子女”理解为2周岁以下的婴幼儿。根据《民法典》第1084条以及《最高人民法院关于适用〈中华人民共和国民法典〉婚姻家庭编的解释（一）》第44条的规定，不满2周岁的子女以由母亲直接抚养为原则。但母亲有下列情形之一的，也可随父亲生活：（1）母亲患有久治不愈的传染性疾病或其他严重疾病，子女不宜与其共同生活的；（2）母亲有抚养条件不尽抚养义务，而父亲要求子女随其生活的；（3）因其他原因，子女确不宜随母方生活的。如母亲的经济能力及生活环境对抚养子女明显不利的，或母亲的品行不端不利于子女成长的，或因违法犯罪被判刑不可能抚养子女的，等等。此外，如果父母双方协议不满2周岁子女由父亲直接抚养，并对子女健康成长无不利影响的，人民法院也应予支持。

2. 2周岁以上未成年的孩子。对2周岁以上的未成年子女，随父或随母生活，首先应由父母双方协议决定。因此，当父母双方对抚养未成年子女发生争议时，法院应当进行调解，在当事人双方自愿、合法的前提下，协商决定：未成年子女由父亲抚养，或随母亲生活，或者在有利于保护子女利益的前提下，由父母双方轮流抚养。对上述几种抚养方式的解决，法院都是可以准许的。

如果当事人双方因子女抚养问题达不成协议时，法院应结合父母双方的抚养能力和抚养条件等具体情况，根据有利于子女健康成长的原则妥善地作出裁决。根据《最高人民法院关于适用〈中华人民共和国民法典〉婚姻家庭编的解释（一）》第46条的规定，对已满2周岁的未成年子女，父母均要求直接抚养，一方有下列情形之一的，可予优先考虑：(1)已做绝育手术或者因其他原因丧失生育能力；(2)子女随其生活时间较长，改变生活环境对子女健康成长明显不利；(3)无其他子女，而另一方有其他子女；(4)子女随其生活，对子女成长有利，而另一方患有久治不愈的传染性疾病或者其他严重疾病，或者有其他不利于子女身心健康的情形，不宜与子女共同生活。

3. 已满8周岁但未成年的孩子。对8周岁以上的未成年孩子，父母双方对抚养问题协议不成的，应当尊重孩子的真实意愿，在父母同争抚养权，且双方都具有抚养孩子的条件时，法院会考虑孩子个人的意见，此等情形下，孩子自己的意愿将决定哪一方直接抚养。

4. 单独随祖父母或外祖父母共同生活多年的孩子。根据《最高人民法院关于适用〈中华人民共和国民法典〉婚姻家庭编的解释（一）》第47条的规定，如果父母抚养子女的条件基本相同，双方均要求直接抚养子女，但子女单独随祖父母或者外祖父母共同生活多年，且祖父母或者外祖父母要求并且有能力帮助子女照顾孙子女或者外孙子女的，可以作为父或者母直接抚养子女的优先条件予以考虑。

举个例子，夫妻双方因离婚闹上法庭。夫妻双方育有一子，实际由其奶奶抚养长大的，和奶奶之间存在非常深厚的感情，其真实的意愿是想和奶奶一起生活。法院查明案情后，最终判决孩子的抚养权归属于男方，“子女真实意愿”以及“祖父母、外祖父母常年抚养未成年子女”是法院判决时的重要影响因素。

5. 父母服刑的孩子。由于一方正在监狱服刑，并没有抚养条件，在这种情况下，法院判决由服刑人员抚养的情况会非常小。如服刑一方坚持抚养子女，且其父母愿意代养，另一方也同意的，可以准许，但该子女为八周岁以上的未成年人的，应当征求该子女的意见。

6. 有继父母的孩子。根据《最高人民法院关于适用〈中华人民共和国民法典〉婚姻家庭编的解释（一）》第54条的规定，生父与继母离婚或者生母与继父离婚时，对曾受其抚养教育的继子女，继父或者继母不同意继续抚养的，仍应由生父或者生母抚养。如果继父或继母不愿意再抚养孩子的，可不再负担继子女的抚养费。如果离婚后继父母愿意负担子女一部分或全部抚养费的，应当允许。此种给付行为不是法定义务，应出于继父母的自愿。

7. 收养的孩子。养子女与亲生子女在与父母之间的权利义务上是等同的。夫或妻一方收养的子女，对方未表示反对，即已形成了父母与子女的关系。夫或妻一方收养的子女，对方始终反对的，离婚后，应由收养方抚养该子女。

8. 两个孩子抚养权的分配问题。对于有两个孩子的父母，可以先协商决定孩子抚养权的归属，协商不定时，可以选择通过诉讼的方式争取孩子的抚养权。如果两个孩子都过了哺乳期时，法院一般情况下可能判决一人一个，这是法院出于经济责任分摊、孩子成长、家长精力这些角度考虑的；如果还在哺乳期，原则上会交由母亲抚养。

问 若要争取孩子的抚养权，应当准备什么证据？

答 1. 双方基本条件的取证。即夫妻双方的基本条件，如工资收入、教育程度、思想品质等。比如，一方思想品质的证据材料在争取孩子抚养权方面就尤为重要，因为直接抚养方的思想品质，会直接影响下一代的健康成长。因此，取得这一方面的证据，是比较重要的。

2. 双方父母基本条件的取证。城市生活节奏较快，很多时候，真正带孩子的往往不是夫妻任何一方，特别是对于学龄前儿童，通常是夫妻一方的父母带。因此，孩子以往的生活环境，以及长期带孩子的祖父母或外祖父母的意见及身体情况，往往也是影响孩子抚养权的一个重要方面。

3. 孩子生活环境方面的取证。离婚案件中孩子抚养问题的处理原则，是不影响孩子的健康成长。如果双方离婚，但有一方距离学校较近，或生活小区成熟，对孩子入学、生活最为有利，得到孩子抚养权的可能性当然就会更大。因此，这方面的取证工作也是必需的。

4. 孩子的意见相当重要。一般法院在处理抚养问题上，会认真听取八周岁以上孩子的意见，并做笔录入卷。在离婚前或离婚过程中，做好孩子的思想工作，使孩子愿意随自己生活是尤为重要的。此外，在有利于保护子女利益的前提下，父母双方协议轮流直接抚养子女的，人民法院应予支持。对于在离婚诉讼期间，双方均拒绝抚养子女的，可先行裁定暂由一方抚养，也可以直接裁定不准离婚，保持现状。

问 听说孩子在谁手上法院就判给谁，为了争取抚养权，一定要将孩子“抢”到自己一方的控制之下，这种说法可取吗？

答 不建议以不正当手段“抢夺”孩子。实务中，法院对于恶意抢夺、隐匿孩子行为大多作出了否定性评价，已有多起因恶意抢夺、隐匿孩子不被法院支持抚养权的案例。所以说恶意抢夺、隐匿孩子的行为反而会成为争取直接抚养权的不利因素。

子女随夫或妻一方生活时间较长，只是法院确定直接抚养权归属的重要考量因素之一，其出发点是维系子女原有的生活和学习状态，保持其稳定的成长环境，减轻父母离婚对子女的不利影响。

近些年，法院也在积极转变家事案件审理的审判理念，对涉抚养权争议案件，更加注重保护未成年人的心理健康和情感需求，认为父母为争取抚养权恶意抢夺、隐匿未成年子女的行为，不仅会给子女心理健康造成伤害，损害另一方和子女的亲情，也会导致双方矛盾升级，不利于子女的健康成长。故对此类不当行为应当予以抑制，不应被支持。

问 离婚过程中，若夫妻双方有一方存在抢夺、隐匿未成年人的行为，那么法院会倾向于如何处理？

答《未成年人保护法》第 24 条第 1 款明确规定：未成年人的父母离婚时，应当妥善处理未成年子女的抚养、教育、探望、财产等事宜，听取有表达意愿能力未成年人的意见。不得以抢夺、藏匿未成年子女等方式争夺抚养权。故此，夫妻双方离婚时，以抢夺、藏匿未成年子女等方式争夺抚养权的行为是法律不允许的行为。各级法院判例也都对于恶意抢夺、隐匿未成年人的行为作出否定性评价，并在审判实践中予以运用。

以案说法：夫妻双方结婚并且生育一子，孩子出生至今 6 岁，其间均由男方家抚养。女方偶然发现男方与他人有婚外情，打算离婚，双方就孩子抚养问题多次进行协商未果。此后女方向法院提起离婚诉讼，并主张抚养权。诉讼期间，女方听说孩子在谁手上法院就判给谁，故叫人上门抢夺孩子，并且隐匿孩子，拒绝与男方联系。

法院经审理认为：解决子女抚养问题，应当坚持未成年人利益最优原则和公平原则来处理。首先，考虑孩子被原告抱走之前，孩子一直与被告及其家人生活在一起，已形成较为熟悉和稳定的家庭生活环境。原告在诉讼期间使用非正常手段擅自强行改变孩子的生活环境，不利于孩子健康成长，客观上不利于孩子的身心发育和保持成长环境的连续性和稳定性。其次，从原、被告双方的具体情况来看，原告在居住环境、收入情况及时间充裕度等方面均不如被告优越，故其在抚养孩子的客观条件方面不如被告。最后,基于原告存在抢夺,隐匿孩子的行为,如果孩子直接由原告抚养,则被告的探望权利可能无法保障。综合前述情况,为孩子的健康成长和利益最优考虑,法院判决孩子由被告男方直接抚养。

问 抚养权归属是否可以变更?

答 一般情况下,法院对变更抚养关系的裁判宗旨为:以维护未成年子女的健康成长为原则,尽量保持其稳定的居住环境和生活环境。所以在实践过程中,想要变更抚养关系并非易事。

根据《最高人民法院关于适用〈中华人民共和国民法典〉婚姻家庭编的解释(一)》第57条的规定,父母双方协议变更子女抚养关系的,只要有利于子女身心健康和保障子女合法权益,则应予准予。而一方要求变更子女抚养关系的,根据《最高人民法院关于适用〈中华人民共和国民法典〉婚姻家庭编的解释(一)》第56条的规定,具有下列情形之一的,人民法院应予支持:(1)与子女共同生活的一方因患严重疾病或者因伤残无力继续抚养子女;原来取得子女抚养权的当事人因患病等原因,已无力继续承担子女的抚养费用,此时可以向法院申请抚养权变更。(2)与子女共同生活的一方不尽抚养义务或有虐待子女行为,或者其与子女共同生活对子女身心健康确有不利影响;出现上述情况,无抚养权一方可以向法院申请抚养权变更。(3)已满8周岁的子女,愿随另一方生活,该方又有抚养能力。(4)有其他正当理由需要变更。比如原抚养方失业、外出工作、生活,难以照顾子女,无抚养权一方移居境外,要求子女随同生活等。

问 未获得抚养权的一方，抚养费如何计算？

答 “抚养费”，包括子女生活费、教育费、医疗费等费用。根据《民法典》第1085条的规定，离婚后，子女由一方直接抚养的，另一方应当负担部分或者全部抚养费。负担费用的多少和期限的长短，由双方协议；协议不成的，由人民法院判决。法院一般根据子女的实际需要、父母双方的负担能力和当地的实际生活水平确定抚养费的数额：(1)有固定收入的，抚养费一般可以按其月总收入的20%至30%的比例给付。负担两个以上子女抚养费的，比例可以适当提高，但一般不得超过月总收入的50%。(2)无固定收入的，抚养费的数额可以依据当年总收入或者同行业平均收入，参照上述比例确定。有特殊情况的，可以适当提高或者降低上述比例。(3)抚养费应当定期给付，有条件的可以一次性给付。(4)父母一方无经济收入或者下落不明的，可以用其财物折抵抚养费。(5)抚养费的给付期限，一般至子女18周岁为止。16周岁以上不满18周岁，以其劳动收入为主要生活来源，并能维持当地一般生活水平的，父母可以停止给付抚养费。(6)两个孩子，双方分别抚养一个时，互相不需要给抚养费；如果都是一方抚养，另一方需要每月给抚养费。

根据《最高人民法院关于适用〈中华人民共和国民法典〉婚姻家庭编的解释(一)》第58条的规定，在下列情况下，子女可以要求有负担能力的父或者母增加抚养费的：(1)原定抚养费数额不足以维持当地实际生活水平;(2)因子女患病、上学,实际需要已超过原定数额;(3)有其他正当理由应当增加。

此外,如果抚养子女一方擅自改变子女姓氏,另一方不得因此拒付子女抚养费。

问 抚养权一方无故拒绝另一方探望怎么办?

答《民法典》第1086条规定,离婚后,不直接抚养子女的父或者母,有探望子女的权利,另一方有协助的义务。行使探望权利的方式、时间由当事人协议;协议不成的,由人民法院判决。父或者母探望子女,不利于子女身心健康的,由人民法院依法中止探望;中止的事由消失后,应当恢复探望。

因此,根据《最高人民法院关于适用〈中华人民共和国民法典〉婚姻家庭编的解释(一)》第68条的规定,对于拒不协助另一方行使探望权的有关个人或者组织,可以申请人民法院依法采取拘留、罚款等强制措施,但是不能对子女的人身、探望行为进行强制执行。

问 若探望一方的探望行为不利于子女身心健康,该如何处理?

答 如果未成年子女、直接抚养子女的父或者母以及其他对未成年子女负担抚养、教育、保护义务的法定监护人认为父母探望子女,不利于子女身心健康的,可以向人民法院提出中止探望的请求。实践中,可以申请中止探望权通常有以下几种情形:(1)父母对子女具有侵害或者犯罪倾向行为；(2)父母有可能劫持、胁迫子女；(3)父母有恶习或者有不良道德倾向；(4)父母有严重传染病；(5)父母是无行为能力人或者限制行为能力人。

此外，探望权和抚养费支付也没有必然的联系，无论父母是否享有探望权，其均享有支付抚养费的义务。无论父母是否支付抚养费，其均享有探望子女的权利。

---

* 林炎杰律师，本科毕业于福州大学，现就职于福建旭丰律师事务所。主要从事的业务领域：民商事争议解决含诉讼、仲裁案件的代理；常年法律顾问服务；公司破产业务等。

** 曾浩律师，本科毕业于西南政法大学；法律硕士；福建旭丰律师事务所执业律师。主要领域：民商事诉讼、企业合规、公司诉讼、建设工程领域诉讼，为多家上市公司提供常年法律顾问服务。

008

婚内抚养费能否主张

FM99.6 厦门综合广播《新闻招手停》第 116 期

主持人：海蕾

主讲人：陈宗敏律师*、姬慧娟律师**

热点问题发现

探寻社会中关注度高的热点问题

1. 婚内抚养费能否主张？
2. 谁有权主张婚内抚养费？
3. 如何确定婚内抚养费的金额？

常见问题解答

一问一答为常见法律问题提供指南

问 很多夫妻在主张离婚前，早已两地分居，直接抚养子女的一方，能否向另一方主张分居期间的婚内抚养费？

答 在面临离婚时，夫妻分居现象数不胜数，基于现实情况，有一部分夫妻双方虽仍同处一个屋檐之下，但彼此经济上没有纠葛和交叉。涉及子女抚养时，容易出现实际上是由一方抚养子女，另一方并没有履行抚养义务的情况。那么实际抚养子女的一方能否向对方主张婚内抚养费呢？

我们都知道，父母对未成年子女的抚养义务是法定的、无条件的、强制性的，基于亲子关系产生，从未成年子女出生之日至其成年或独立生活之日止，不受夫妻感情是否破裂、双方是否分居、是否离婚、父母是否与子女一起生活的影响。换言之，在有抚养能力的情况下，无论是婚姻关系存续期间还是离婚后，父亲或者母亲都不能免除其对未成年子女的抚养义务。

问 父母对子女负有抚养义务是我们众所周知的，那主张婚内抚养费是否有相应的法律依据呢？

答 主张婚内抚养费是有着较为明确的法律依据的：

1.《民法典》第 26 条规定："父母对未成年子女负有抚养、教育和保护的义务。成年子女对父母负有赡养、扶助和保护的义务。"

2.《民法典》第1058条规定："夫妻双方平等享有对未成年子女抚养、教育和保护的权利，共同承担对未成年子女抚养、教育和保护的义务。"

3.《民法典》第1067条第1款规定："父母不履行抚养义务的，未成年子女或者不能独立生活的成年子女，有要求父母给付抚养费的权利。"

问 这三条法律规定都谈到了父母对未成年子女负有抚养义务，但并没有明确提到可以主张婚内抚养费，一般来说抚养子女的一方都是在离婚的时候向对方主张离婚以后的抚养费吗？

答 是的，《最高人民法院关于适用〈中华人民共和国民法典〉婚姻家庭编的解释（一）》第43条规定："婚姻关系存续期间，父母双方或者一方拒不履行抚养子女义务，未成年子女或者不能独立生活的成年子女请求支付抚养费的，人民法院应予支持。"

提醒大家注意，这里的措辞是"拒不履行抚养子女义务"，也就是有能力履行而不履行。我们认为：父亲或者母亲只要有抚养能力而未履行抚养义务，即应认定为拒不履行抚养子女义务。这里应排除一方携子女离家出走另一方无法联系，导致确实无法履行抚养义务等的极端情况。

问 也有判例不支持婚内抚养费吗？

答 是的，司法实践中，虽然有案例支持婚内抚养费，但也存在不支持的案例，而且不支持的情况是相当常见的，法官要么驳回诉求，要么动员当事人撤回起诉。

问 既然法律规定了可以主张婚内抚养费，为什么判决不支持？

答 不予支持婚内抚养费的判例中，法官释明的理由主要包括：

我国为法定婚后共同财产制，在夫妻婚姻关系存续期间，若无约定，一方的经济收入应属于夫妻共同财产，也就是我们通常说的，哪怕妻子婚后不工作，丈夫的收入也是夫妻共同财产。

从这个角度，子女抚养费无论是父母哪一方给付，均可视为父母共同履行抚养义务。换言之，法官认为：婚内父或者母一方要求另一方支付抚养费，相当于把钱从左手换到右手，仍在夫妻双方的荷包里，仍属于夫妻共同财产，没有处置夫妻共同财产的实质意义。

法官不支持的理由还包括：从抚养费的立法目的和主要功能来看，抚养费是为了维持未成年子女的基本生活，保障未成年子女的健康成长。抚养费重点保障的是未成年子女现在和将来的基本生活，所以主张婚内抚养费"属于追偿以前的抚养费，已丧失抚养费功能，不具有保护利益"，从而不予支持。

问 有时候法律规定和司法实践确实存在差距，那你们认为司法实践中，是否应该对婚内抚养费的主张给予更多支持？

答 是的，我们认为婚内抚养费应得到更多的司法支持，这主要是从未成年子女最大利益原则和适当保障实际抚养子女一方权益的角度出发得出的结论。因为分居期间，要求未实际承担抚养费一方支付抚养费，可以更好地保障未成年子女健康成长的物质需要、更好地符合世界各国处理涉及子女事务时秉持的最高准则之子女最大利益原则。

实践中，夫妻双方在分居期间的财产收入实际已经相对独立，双方各自控制和支配使用自己占用的那部分财产，其财产状态类似于夫妻分别财产制或离婚后的财产关系。

在这种情况下，如果还认定未实际抚养子女一方也履行了抚养义务，则相当于认可由父或者母单方面承担抚养义务，显然会客观上降低抚养条件、削弱抚养能力，容易导致未成年子女健康成长所需的物质需求难以得到保障。

问 有些法官认为主张婚内抚养费"属于追偿以前的抚养费，已丧失抚养费功能，不具有保护利益"，对此你们认同吗？

答 这个我们持不同意见，我们认为已经由一方支付的抚养费具有保护利益，否则将损害实际抚养一方的合法权益，并纵容未实际抚养一方以分居名义逃避抚养义务。

现实生活中，离婚前长时间的分居已然是常态，这种情况下，不直接抚养子女的一方常常没有实际承担抚养义务，理由主要包括夫妻之间关系紧张难以交流以及一方为争取离婚权益而拒绝与另一方互动往来（包括精神和经济往来）。

如果分居期间的抚养费不可主张，则会造成实质上由直接抚养子女的一方实际承担全部的抚养义务，显然有失公平，损害了实际抚养一方的合法权益。如实际抚养一方无权要求另一方分担子女抚养义务，极有可能促使未实际抚养子女一方以分居名义逃避抚养义务。

既然履行抚养义务的一方可以追索离婚后欠付的抚养费，同理也应支持其追索婚内已经发生的抚养费，只要另一方符合未实际承担抚养义务的实质条件。

问 有权主张婚内抚养费的主体，除了未成年子女，还有其他主体吗？

答 我们认为有权主张婚内抚养费的主体至少有三类，第一类是未成年子女或不能独立生活的子女；第二类是直接抚养子女的父亲或者母亲；第三类是直接抚养子女的祖父母或者外祖父母等人。

先说第一类，根据前述法律规定，未成年子女当然享有抚养费请求权。未成年子女或者不能独立生活的子女可以作为原告提起诉讼，直接抚养子女的一方或其他监护人作为法定代理人，没有履行抚养子女义务的一方作为被告。

第二类，直接抚养子女的父亲或者母亲一方也应有权在离婚诉讼中主张婚内抚养费。离婚纠纷是复合之诉，应允许诉讼当事人在主张离婚、离婚后抚养费等诉求的同时，一并主张婚内抚养费。如果此时还只能由未成年子女另案主张，即要求父母离婚后，直接抚养一方以未成年子女的名义，作为法定代理人再提起婚内抚养费的诉讼，这无疑增加了当事人的诉累，浪费了司法资源，也有损亲权关系。因此，为最大限度保障子女权益，节约司法资源，提高司法效率，应当允许在离婚诉讼中主张婚内抚养费。

第三类有权主张的主体是，直接抚养未成年子女的祖父母或者外祖父母等人。《民法典》第 1074 条第 1 款规定："有负担能力的祖父母、外祖父母，对于父母已经死亡或者父母无力抚养的未成年孙子女、外孙子女，有抚养的义务。"

不难看出，在未成年子女的父母具有抚养能力的情况下，祖父母、外祖父母是没有抚养孙子女、外孙子女的法定义务的，只在特定情况下有此义务，于是才产生实践当中父母双方发生离婚纠纷的，祖父母、外祖父母起诉要求支付"带孙费"。

问 如何确定婚内抚养费的金额？

答 因婚内抚养费基于一方履行了抚养义务而已经实际产生，其不同于离婚后抚养费的支付，故人民法院在判定婚内抚养费金额时，考量的因素主要有：(1)夫妻分居期间，未与子女共同生活一方存在怠于履行抚养义务的情形；(2)夫妻分居时间的长短；(3)夫妻分居期间当地的实际生活水平；(4)怠于履行方的实际经济承受能力；(5)实际产生的抚养费数额等。

---

* 陈宗敏律师，主要执业领域：公司、合同、保险、金融、行政、劳动、婚姻家庭、人身损害。

** 姬慧娟律师,2012 年毕业于山东大学。心理咨询师、高级婚姻家庭咨询师,高级企业合规师、高级劳动关系合规师,福建旭丰律师事务所薪酬合伙人,厦门市律师协会律师事务所管理指导工作委员会委员,厦门市律师协会婚姻家庭与财富传承专业委员会委员、秘书。主要执业领域:民商诉讼及婚姻家事领域的离婚、婚姻修复、抚养事宜等。

009

家事案件中如何最大化保护未成年子女权益

FM99.6 厦门综合广播《新闻招手停》第 93 期

主持人:海蕾

主讲人:刁玫律师*、朱哲钰律师**

热点问题发现

探寻社会中关注度高的热点问题

1. 如何在抚养权纠纷案件中保护子女权益?
2. 非婚生子的利益如何保护?
3. 多角度关注儿童利益。

常见问题解答

一问一答为常见法律问题提供指南

问 在抚养权纠纷中，孩子可能受到什么伤害？

答 司法实践中，离婚夫妻双方争夺抚养权的原因很多，也很复杂。父母多半都是真心地想要抚养孩子，但是不排除有极少数的父母争夺抚养权是另有目的，实际上是把孩子当作报复对方的工具。在这种情况下，如果并非真心想抚养孩子的一方获得了抚养权，对孩子的伤害反而更大，因为其仅出于某种目的夺得抚养权，本身并没有做好承担对孩子尽到抚养教育责任的准备，在这种情况下孩子跟着他/她必然是十分痛苦的，也没有办法受到好的照顾。

父母当着孩子的面讨论抚养权的问题，可能会引发对孩子的伤害，这种伤害通常可以分为两种：第一种是双方都不想要抚养权。有案例是夫妻双方离婚的时候，两个人都不想抚养孩子，于是通过竞价的方式来决定抚养权的归属，谁出的抚养费高，谁就可以不抚养孩子。在这种情况下，双方为了不直接抚养孩子，彼此之间互相指责、推诿，就会让孩子对自己存在的意义产生怀疑，使孩子认为自己是多余的存在，所以被父母当成负担互相推脱。第二种就是双方都想争夺抚养权，甚至是强行要求孩子选择一方，这也会让孩子的内心产生极大的痛苦。孩子的想法往往是很单纯的，哪怕父母并不会因为孩子的选择而责怪他们，但是在孩子的心里，一旦选择一方，都意味着对另一方的背叛。

问 儿童利益最大化的具体内涵是什么?

答 儿童利益最大化,通俗来讲就是在涉及儿童的事项中,要充分考虑儿童的权益,实现儿童的最大利益。这项原则也是 1989 年联合国大会通过的《儿童权利公约》中的四大原则之一,即"关于儿童的一切行为,不论是由公私社会福利机构、法院、行政当局或立法机构执行,均应以儿童的最大利益为一种首要考虑"。我国《民法典》中也对这项原则作出了规定,比如:已满两周岁的子女,父母双方对抚养问题协议不成的,由人民法院根据双方的具体情况,按照最有利于未成年子女的原则判决;子女已满八周岁的,应当尊重其真实意愿。这里说的"最有利于未成年子女的原则",就是儿童利益最大化原则的体现。

问 孩子抚养权的归属具体怎么判断?

答 很多时候孩子抚养权的归属取决于哪边的条件更有利于孩子的成长。如果是两岁以下的孩子,通常会判给母亲,除非母亲患长期无法治愈的传染病或者其他严重疾病,或者母亲有条件却不愿意抚养。对于两周岁以上的未成年子女,则主要是考虑孩子长期的成长环境,以及哪一方的生活环境对孩子成长有利等,这是从孩子的角度去考虑的。从父母的角度考虑,如果存在一方还有其他孩子或者无法再生育孩子的情况,也会成为法院判决抚养权归属的考虑因素。

问 在我国代孕行为是违法的，代孕所生的子女法律地位应当如何认定？

答 我国的司法实践中对生母的认定主要遵循“分娩者为母”的原则，生父的认定则是根据血缘关系来确定。按照这个原则，代孕所生的孩子，法律上的生母就是这个代孕女性，生父则是提供精子的男性，但是由于这两者之间不具有合法的婚姻关系，所以代孕所生的孩子应当认定为是非婚生子女。

问 非婚生子女的权利应当如何保护？

答 根据《民法典》第 1071 条的规定，非婚生子女享有与婚生子女同等的权利，任何组织或者个人不得加以危害和歧视。不直接抚养非婚生子女的生父或者生母，应当负担未成年子女或者不能独立生活的成年子女的抚养费。《民法典》第 1127 条规定，在继承方面，非婚生子女与婚生子女的权利义务完全相同。

典型案例分析

以案说法为纠纷处理提供具体的参考

案件名称：赵某某与许某某抚养费纠纷案

案号：(2013)海民初字第 23318 号

审理法院：北京市海淀区人民法院

案例来源：《人民法院报》

基本案情 赵女士(赵某某)与许先生(许某某)于2000年相识,但是双方并不存在任何的婚姻关系、同居关系或恋爱关系,只是偶然情况下女方怀孕了。之后赵女士向许先生说明自己怀孕的情况,许先生则表示不想要这个孩子。但是赵女士不想打掉孩子,并于2001年产下孩子。孩子出生后一直由赵女士抚养,男方一直没有给抚养费。赵女士遂向法院起诉要求许先生每月给付抚养费直到孩子18周岁。

法院观点 法院经审理认为,不直接抚养非婚生子女的生父或者生母,应当负担子女的生活费用和教育费。许某某作为一个有劳动能力的公民,支付抚养费应为未成年人父母的应尽义务。孩子一直随母亲赵某某居住、生活,许某某应当承担孩子的抚养费用。

律师分析 虽然说本案中双方没有建立固定的恋爱关系或者婚姻关系,而且赵女士是在许先生不同意的情况下生下的孩子,但不管怎样,孩子都是无辜的,所以双方应对孩子负责,问题是在这种情况下,许先生是否应少承担一点费用呢?

这个问题有两种观点,一种观点认为双方肯定都要承担对孩子的抚养责任,只是在双方没有恋爱或婚姻关系,且女方在怀孕初期就已经遭到男方拒绝的情况下,单方选择生下孩子,女方要承担更多的责任。另一种观点认为,非婚生子女的权利不应该受到上一代纠纷的影响,因为非婚生子女的出生不是自己选择的,而且很多时候,他们生活在歧视和不公平的环境中。从儿童利益最大化的角度出发，保护非婚生子女的权益也体现了社会对弱势群体的关爱。而本案中，最终也判决男方负担孩子一半的抚养费用。

因受传统观念影响，非婚生子女的成长历程注定要比婚生子女更加艰辛。如果因为上一辈的原因，将私生子女的存在视为负担，甚至拒绝支付抚养费，显然有悖于人伦道德观念。因此，如果减轻男方抚养费责任，实际上就是承认了非婚生子的不平等地位，是不利于儿童权利的保护的。

典型案例分析

案件名称：未成年人姓名变更维权案

案例来源：最高人民法院发布民法典颁布后人格权司法保护典型案例

基本案情 向先生和郑女士在婚姻关系期间育有一个孩子，叫向小文，后来双方协议离婚，约定孩子由母亲郑女士抚养。小文跟随郑女士生活后，郑女士将孩子的名字改成了郑小文，小文也一直使用这个名字生活、学习，参加数学、美术、拉丁舞等国内、国际比赛，并且还多次获奖。过了几年，向先生知道了郑女士给小文改名的事情，就向派出所申请，将小文的名字变更回向小文，派出所受理后也批准了这个申请。但是，在小文的姓名再次变更之后，他的学习、生活、参赛均受到了一定的影响。小文就和郑女士一起，与向先生协商，想把名字改回来，但是向先生没有同意。于是，小文只好起诉到法院，请求法院判令向先生配合其将姓名变更为郑小文。

法院观点 姓名是自然人参与社会生活的人格标志，依照《民法典》第1012条的规定，自然人享有姓名权，有权依法决定、使用、变更或者许可他人使用自己的姓名，但不得违背公序良俗。父母离婚后涉及未成年人利益的纠纷处理，应坚持以未成年人利益最大化为原则。本案中，小文多年来持续使用郑小文这一姓名，该姓名既已为亲友、老师、同学所熟知，也已成为其人格的标志，是其生活、学习的重要组成部分。小文作为年满12周岁的未成年人，已经能够理解该姓名的文字含义及人格象征意义，结合其多次参加国际、国内赛事的获奖经历以及自身真实意愿，继续使用该姓名，有利于小文的身心健康和成长。遂依照相关法律规定，判决向先生配合小文将户籍登记姓名变更回郑小文。

律师分析 根据《民法典》的规定，自然人享有姓名权，有权依法决定、使用、变更或者许可他人使用自己的姓名。但是《民法典》同时还规定了，未成年人实施民事法律行为需要法定代理人，来代理实施相关民事法律行为或者需要经过他们的同意、追认。从这个角度讲，不能独立实施民事行为的未成年人，显然是不能自行决定、使用或者变更姓名的。而且通常情况下，夫妻离婚后，原则上一方不得擅自改变未成年子女的姓名，如果确实需要变更孩子姓名的，必须由父母双方协商同意，并到公安机关办理相关的变更手续。公安部也发布过相关文件表示：对于离婚双方未经协商或协商未达成一致意见，其中一方要求变更子女姓名的，公安机关可以拒绝受理；如果一方向公安机关隐瞒离婚事实，变更子女姓名的，另一方要求恢复子女原姓名且离婚双方协商不成的，公安机关应该恢复子女原姓名。所以实践中，对于父母离婚后，父亲或者母亲单方要求变更子女姓名的，公安机关一般会拒绝受理。

这个案件的特殊之处就在于，小文作为未成年人，他的名字在他随母亲生活后变更为郑小文，但是当初变更姓名的时候并没有取得小文父亲向先生的同意，因此在他父亲要求恢复小文姓名时，公安机关依据相关规定，将其姓名恢复成了向小文，这在姓名登记管理上是没有问题的。

但是从儿童利益最大化的角度来看，未成年人姓名的更改既要尊重监护人的意愿，也要考虑维护孩子本人的合法权益，考虑他的健康生活和成长。一般情况下，孩子的姓名在出生后就确定并办理了登记，即便父母离婚了，由于孩子的姓名曾经是父母协商一致决定的，如果要更改，也要求父母协商一致才能更改，这个规定其实是考虑到了监护人双方的利益的。但是这个案例中，小文多年来一直使用的都是郑小文这一姓名，这个名字已成为他人格的一种标志，如果贸然改变，必然会对他的生活产生很多负面影响。因此根据未成年人利益最大化原则,还是应当考虑小文的生活状态,尊重他的真实选择。

---

* 刁玫律师,福建旭丰律师事务所高级合伙人,获评福建省金融证券保险专业、婚姻家事法专业律师、福建省履行社会责任先进律师、厦门市优秀律师。政协思明区第九届委员会委员、厦门市法学会首席法律咨询专家、厦门市法学会诉讼法学研究会常务理事、厦门大学法学院实践教学导师、厦门市律协女律师工作专门委员会副主任、厦门市律协民事专业委员会副主任、厦门市中级人民法院、思明区人民法院特邀律师调解员、厦门市海沧区人民法院儿童权益保护观护员、厦门市医患纠纷调解委员会医学专家成员。

** 朱哲钰律师,福建旭丰律师事务所律师,毕业于厦门大学,专注合同法、婚姻家事继承法律事务、公司法律风险管控等法律服务。

010

谈谈“守护春蕾，如何依法抚养、依法探望”

FM99.6 厦门综合广播《新闻招手停》第103期

主持人：海蕾

主讲人：沈玉洪律师*、庄幼留律师**

热点问题发现

探寻社会中关注度高的热点问题

1. 离婚的父母可以约定“双方轮流抚养”未成年子女吗？
2. 离婚时探望权如何约定更具有可操作性？
3. 一方拒绝探望，另一方如何行使探望权？
4. 什么情况下直接抚养的一方可以“中止”对方探望？

常见问题解答

一问一答为常见法律问题提供指南

问 离婚的父母可以约定“双方轮流抚养”未成年子女吗？

答 可以。《最高人民法院关于适用〈中华人民共和国民法典〉婚姻家庭编的解释(一)》第48条规定，在有利于保护子女利益的前提下，父母双方协议轮流直接抚养子女的，人民法院应予支持。第57条还规定，父母双方协议变更子女抚养关系的，人民法院应予支持。

需要说明的是，“双方轮流抚养”制度不是《民法典》创新的规定，早在1993年《最高人民法院印发〈关于人民法院审理离婚案件处理子女抚养问题的若干具体意见〉的通知》第6条，就有规定“在有利于保护子女利益的前提下，父母双方协议轮流抚养子女的，可予准许”，《民法典》对该条的表述进行了调整。

采用协议轮流抚养子女的方式，一是有利于保障子女的身心健康和物质生活需求。轮流抚养能够保障子女与父母双方更多地接触，使子女得到相对完整的父爱和母爱，有效减轻因父母离婚对子女的伤害。二是有利于保护双方当事人抚养子女的权利。离婚父母双方都希望子女抚养权归于自己名下，这也是司法实践中经常出现争夺抚养权而引发纠纷的原因。但这类纠纷往往伴随着争吵、相互指责甚至是恶意中伤，如果采用协议轮流抚养的方式，可以缓解离婚双方之间紧张的关系，有利于减少矛盾。

问 离婚双方协议轮流抚养子女需要什么条件?

答 一是由夫妻双方通过协议确定。轮流抚养的方式,我国目前仅允许双方协商约定,很难由法院判决确定,最主要是因为轮流抚养的适用比一方抚养要复杂得多,具有很多不确定的因素,法院判决难以逐项明确,但在诉讼过程中通过法院主持调解达成轮流抚养的协议则是可以的。

二是子女的年龄适合轮流抚养。子女年龄在 2 周岁以上 8 周岁以下的,夫妻双方原则上可以直接协议轮流抚养。因为对于 2 周岁以下的子女,根据《民法典》第 1084 条的规定,离婚后不满 2 周岁的子女,原则上由母亲直接抚养。而对于 8 周岁以上的未成年子女,通常有一定的辨别能力和判断能力,是否愿意轮流抚养,要尊重子女的真实意愿。因此,父母在协议时应征求子女本人的意见,由子女作出选择,子女同意父母共同轮流抚养的,可协议约定轮流抚养;不同意的,则不能通过轮流抚养协议进行约定。

三是轮流抚养必须以有利于子女健康成长为前提。如果一方参与轮流抚养不利于子女身心健康和成长的,比如父母一方有暴力倾向,有殴打、虐待,或有吸毒、酗酒、赌博等恶习的,则不适宜用轮流抚养制度。

问 离婚双方协议轮流抚养子女,应当注意的问题有哪些?

答 有以下四点需要注意:

一是协议轮流抚养的,直接抚养方以亲自抚养为主。比如,直接抚养的一方不能只是“名义上”的抚养人,未成年子女实际却是由祖父母或其他亲属在照料，导致抚养权和实际的抚养行为完全是分离的，这样的话，未成年人实际是脱离了父母双方的直接监护，那么成长过程中将缺少父爱或母爱的呵护。

二是协议轮流抚养中抚养期限应当明确清楚。抚养的期限应当包括轮流抚养的时长以及轮流的周期。对此双方可以自行约定，比如可以约定一个月或数个月轮流一次，也可以约定一年或半年轮流一次。在抚养时间的把握上要注意，时间过短，频繁更换子女生活环境不利于子女的成长；时间过长，不利于增进子女和父母双方的感情，也不符合轮流抚养的初衷。

三是轮流抚养中抚养费的分担应当约定清楚。实践中一般存在两种方案，一种方案是父母双方各自在抚养期间承担孩子的生活、医疗、教育费等；另一种方案是双方按照一定的比例共同拿出一部分资金作为孩子的抚养经费。

四是轮流抚养中非共同生活一方的探望权应明确清楚。双方虽然实行轮流抚养，并不意味着就可以剥夺非共同生活一方的探望权。不直接抚养子女的父或母依法可以行使探望权。协议轮流抚养时，非共同生活的一方行使探望权的方式、时间、地点应当在协议约定清楚。

最后，实务操作中拟约定轮流抚养的离婚双方要谨慎考虑，该制度需要双方都能真正的从最有利于孩子的角度出发，放下双方的积怨，还需要充分考虑日后双方各自组建新家庭后，如何实现轮流抚养的问题等。

问 夫妻双方协议离婚或调解离婚时如何约定行使探望权更有可操作性?

答 我们建议对于探望的方式、地点、时间、子女的年龄、如何交接等要量化,但不过度细化:

1. 量化探望方式。探望的方式一般分为看望式和逗留式,区别在于是否可以留宿过夜。看望式特点是一般时间较短,方式灵活,但是不利于探望人和子女的深入交流。逗留式特点是时间较长,可以约定短住,有利于探望人和子女深入了解和交流。

2. 量化探望地点。可以约定一个固定接送地点,如有变更可以协商,还要考虑一方搬离原住所地应如何实现异地探望。

3. 量化探望时间。比如每个月或每周探望几次,每次不少于/不超过多少个小时。量化特殊时段的探望时间,比如寒暑假、春节等特殊节假日,可以约定寒暑假短住的时间。

4. 量化年龄。比如可划分0~3周岁(学龄前),3~6周岁(幼儿园阶段),6周岁以上(小学阶段),8周岁以后(小孩可以根据自己的意愿请求变更抚养人的年龄),可以根据小孩所处的具体的年龄段,结合该年龄段的特点来作约定。

5. 量化交接方式。确定交接方式便于协议履行,比如从哪里接走,送回哪里,如有变更可以双方协商。

6. 量化违反探望权的处罚。在没有违反法律强制性规定的情况下,还可以约定违反探望权的违约条款,包括约束直接抚养人的违约金条款，减少探望权人的探望次数或时间的惩罚性条款等。

问 一方拒绝探望，另一方如何行使探望权？

答 建议分两种情况来解决。第一种情况：如果是协议离婚或者诉讼离婚的生效法律文书中未涉及探望权，但当事人对子女感情特别深，离婚后特别重视对子女的探望，而双方又无法对探望的时间、方式等具体问题达成一致意见，可依据《最高人民法院关于适用〈中华人民共和国民法典〉婚姻家庭编的解释（一）》第 65 条对探望权单独提起诉讼。第二种情况：如果是人民法院作出的生效文书中已经对探望权作出判决或双方达成调解约定的，那么当事人可以根据《最高人民法院关于适用〈中华人民共和国民法典〉婚姻家庭编的解释（一）》第 68 条的规定，凭生效的法律文书行使自己的探望权，对于拒不协助行使探望权的有关个人或组织，可由人民法院采取强制措施。

探望权的执行问题是实务中的一个难题。民事执行的标的物只能是物与行为，而不能是“人身”。法院不能通过执行行为，强制要求未成年子女到某个地方来接受非直接抚养的父母一方的探望。所以对于探望权的执行，法院一般会遵循强制执行、说服教育相结合，以及有利于未成年子女身心健康的原则，对不配合探望的一方采取其他强制措施，一般有限制高消费、纳入失信被执行人名单，情节严重的甚至作出罚款或采取司法拘留等强制措施。

问 **什么情况下直接抚养的一方可以“中止”对方探望？**

答 以出现不利于子女身心健康的行为作为“中止”探望的评判标准。比如：(1)探望方患有严重危害子女健康的传染性疾病或精神病的；(2)探望方在探望过程中对子女有严重违法或犯罪行为的，如暴力殴打或实施性侵或其他为传播淫秽物品牟利而进行的让其子女的配合违法行为；(3)探望方有吸毒、赌博等恶习；(4)利用探望的时间怂恿子女犯罪，可能对子女成长带来不良影响的；(5)探望方有借探望之机藏匿子女行为的。

典型案例分析

以案说法为纠纷处理提供具体的参考

案件名称：探望权纠纷案

案号：(2020)闽0205民初1603号

审理法院：厦门市海沧区人民法院

案例来源：中国裁判文书网

基本案情 林某甲与林某乙于2010年1月20日登记结婚，2012年4月16日育有婚生女林某丙。林某丙2018年9月起就读厦门市海沧区双十中学海沧附属学校。2019年2月20日，林某甲与林某乙签署离婚协议办理离婚。《离婚协议书》约定：婚生女林某丙由林某乙抚养，林某甲一次性补偿林某乙人民币50万元，林某甲每周可以探望婚生女一次，节假日探望需双方另行协商。2019年8月起，林某乙给孩子办理转学手续，转至广西壮族自治区南宁市就学，并拒绝让林某甲探视女儿。

法院观点 离婚后，父母双方通过探视子女延续亲情，然而新冠疫情期间，探视权的行使受到一定阻碍。为了及时调处当事人的矛盾，弥合亲情，筑牢家庭疫情防控的堡垒，法院针对本案进行线上审理及调解，积极促成双方作出在新冠疫情期间，利用视频对子女进行视频探望的约定，系我省法院首次将"云探望"写入调解书，确保疫情期间当事人探望权的实现。

裁判结果 经厦门市海沧区人民法院调解，原、被告达成协议：(1)在新冠疫情期间，林某乙协助林某丙与林某甲每周进行视频探望一次；(2)在新冠疫情结束后，林某甲可以每月到广西壮族自治区南宁市探望林某丙一次，具体时间为周末，时长为4小时；(3)其他节假日探望方式及时间由双方另行协商。

律师分析 "云探望"，实际指的是不当面探望，而通过线上视频探望的方式，达到改善子女关系、增进亲子感情的目的。海沧区人民法院的法官通过"福建移动微法院"线上平台开庭审理，从保护未成年人利益出发，将"云探望"写入调解书中。"云探望"是厦门海沧法院家事法庭创新的司法措施，成功解决了新冠疫情影响下不少离异家庭遭遇的不能正常探视子女的烦恼，是一种变通的探望方式。

---

*　沈玉洪律师，福建旭丰律师事务所民事部副主任；厦门律协第九届刑事诉讼专业委员会委员；厦门律协第九届理事会公益法律服务工作委员会委员；厦门市优秀公益律师；2021 年至 2023 年被评为旭丰所履行社会责任先进律师、旭丰所优秀律师。专注领域：刑事辩护、商品房买卖合同纠纷、公司类合同纠纷、婚姻家事类纠纷与侵权纠纷解决、劳动争议、企事业单位法律风险防控与非诉法律服务。

**　庄幼留律师，福建旭丰律师事务所第四党支部书记、旭丰所婚姻家庭与财富传承业务部副主任，厦门市中级人民法院调解员、厦门市地方金融纠纷调解中心调解员、厦门市思明区人民法院调解员、认可专业商业调解员、婚姻家庭咨询师。

011

分享典型案例，解读法理人情

FM99.6 厦门综合广播《新闻招手停》第 120 期

主持人：海蕾

主讲人：刁玫律师*、朱哲钰律师**

热点问题发现

探寻社会中关注度高的热点问题

1. 医疗服务合同的知情同意问题。
2. 隔代探望权。

典型案例分析

以案说法为纠纷处理提供具体的参考

案件名称：陈某某诉无锡市妇幼保健院医疗服务合同纠纷案

案例来源：《最高人民法院公报》2022 年第 2 期

基本案情 陈女士（陈某某）和李先生是夫妻关系，双方于2015年登记结婚。之后陈女士检查出患有不育症，夫妻两人到当地的妇幼保健院进行治疗。妇幼保健院为陈女士进行了一次“体外受精—胚胎移植手术”，但是陈女士没有能够成功怀孕。2017年夫妻俩再次到这家妇幼保健院，最后决定以一种长周期的方案进行治疗，两人签署了知情同意书等一系列材料。之后两人的精子和卵子就冷冻储存在这家妇幼保健院。2019年李先生因事故不幸去世，陈女士以及双方的家人都希望为李先生延续血脉。陈女士来到妇幼保健院，要求继续实施胚胎移植手术，但被妇幼保健院以缺少李先生签字、按照相关规定不得实施胚胎移植手术为由拒绝了。无奈之下，陈女士只能起诉到法院，要求妇幼保健院继续履行医疗服务合同，为其实施胚胎移植手术。

法院观点 夫妻双方与医疗机构订立“体外受精—胚胎移植”医疗服务合同并已经完成取卵、胚胎培养等合同内容，在胚胎正式移植前丈夫死亡且生前并未向医疗机构表示拒绝履行合同，妻子要求医疗机构继续履行胚胎移植义务，既是当事人真实意思的反映，亦具备可履行的内容，且并不违反法律法规及公序良俗，医疗机构应当继续履行医疗服务合同。

丧偶妇女在符合国家相关人口和计划生育法律法规情况下，以其夫妇通过实施人类辅助生殖技术而获得的胚胎继续生育子女，有别于原卫生部管理规范中要求实施人类辅助生殖技术规范中的单身妇女，不违反社会公益原则。医院不得基于部门规章的行政管理规定对抗当事人基于法律所享有的正当生育权利。

案例问题解答

问 本案中妇幼保健院拒绝为陈女士实施手术的原因,是因为没有李先生的签字,妇幼保健院具体是依照什么规定作出这种决定的?

答 胚胎移植术是属于人类辅助生殖技术的一种,我国关于这种技术有专门的规范和伦理原则的要求。其中就规定,辅助生殖技术必须严格遵守知情同意、知情选择的自愿原则。在这个案件中,院方认为李先生虽然生前签署过知情同意书,但是陈女士在李先生去世前的两年时间都未来施行胚胎移植手术,李先生生前签署的知情同意书不能延续到他死亡后,且李先生现在不再能签署胚胎解冻和移植的知情同意书,故陈女士主张继续履行合同与法律规定相悖。

并且在李先生去世后,陈女士即为单身妇女,单亲环境可能会对孩子的生理、心理、性格等各个方面都带来不利的影响。这也不符合《人类辅助生殖技术规范》中关于保护后代原则的规定。所以院方拒绝为陈女士实施冷冻胚胎解冻及移植手术。

律师分析 妇幼保健院认为单亲环境可能会对孩子的各个方面带来不利的影响。但是这只是一种观点,且现在并没有证据证明使用这种方式生育子女会在医学、家庭或者其他方面出现不利于后代的情形。这种方式出生的孩子,和自然分娩出生的后代,应享有同样的法律权利和义务。陈女士要求继续实施胚胎移植手术,取得了李先生父母的同意以及自己家庭的支持,他们都愿意承担包括道德、伦理在内的法律上的义务,所以妇幼保健院继续为陈女士实施胚胎移植手术并不违反保护后代的原则。

典型案例分析

案件名称:马某臣诉于某艳探望权纠纷案

案例来源:人民法院贯彻实施民法典典型案例(第二批)

基本案情 马先生和于女士是一对夫妻,两人婚后生了一个女儿小马。然而没过两年,马先生在工作中因为事故意外去世了,之后女儿小马和于女士共同生活。但是马先生的父母在探望孙女的过程中,和于女士发生了矛盾。在协商不成的情况下,小马的爷爷奶奶向法院提起了诉讼,请求法院判令周末和寒暑假的时候,小马和爷爷奶奶生活,平时则是和妈妈于女士一起生活。

法院观点 对于马先生的父母来说,老年时丧子本就是一件令人痛心的事情，要求探望孙女是人之常情，也符合《民法典》的立法精神。爷爷奶奶探望孙女，既可以缓解老人丧子之痛，也能够使孙女从老人处多得到一份关爱，其实是有利于小马的健康成长的。而且我国传统的家庭关系和伦理制度也决定了祖孙三代之间的关系常常是十分密切的，如果一概地否定祖父母或外祖父母对孙子女或外孙子女的探望权，实际上是不符合公序良俗的。因此，在这个案件中，对于爷爷奶奶要求探望孙女小马的诉求，法院予以支持。在遵循有利于未成年人成长原则，综合考虑小马的年龄、居住情况以及双方的家庭关系等各种因素下，最终判决：爷爷奶奶对小马享有探望权，每月探望两次，每次不超过 5 个小时，于女士可以在场陪同或予以协助。

案例问题解答

问 我国法律关于探望权是怎么规定的？

答 对于“探望权”，根据《民法典》第 1086 条的规定，夫妻离婚后，不直接抚养子女的父亲或者母亲一方，有探望子女的权利，而另一方有协助的义务。至于行使探望权的具体方式、时间等细节内容，可以由夫妻双方协商确定，如果不能协商达成一致意见，由人民法院予以判决。从这点可以看出，在我国法律中，一直以来明确规定的可以行使探望权的主体，是离婚后不直接抚养子女的父亲或母亲一方，探望的对象则是“子女”。

而隔代探望权其实是一个更具有中国特色的概念，简单来讲就是祖父母或者外祖父母对孙子女或者外孙子女进行探望的权利。但是我国现行法律规定中，没有明确规定祖父母或者外祖父母对孙子女或者外孙子女享有探望权。

律师分析 虽然这个案例讲到的是“隔代探望权”，但是从司法实践更普遍的角度来说，“探望权”本身，一直是离婚时乃至离婚后纠纷中常见的难点问题。我国法律对于探望权的规定，其实是一个较为原则性的规定，主要依靠双方协商确定。因为探望孩子，不仅涉及离婚的男女双方，还涉及作为未成年人子女的利益，所以在这个问题的处理上，必须要着重考虑未成年子女的利益。同时，需要指出的是，探望权是不直接抚养孩子的父或母享有的一项权利，而获得亲生父母的探望和陪伴，也是孩子的一项权利。作为有抚养权一方的父母，没有权利剥夺另一方父母和孩子在这个问题上所享有的合法权利。这也是为什么法律规定探望权的行使，要尽量基于双方父母的友好协商和相互配合。

为了避免在离婚后产生不必要的纠纷和矛盾，夫妻双方在订立离婚协议时，就应该尽量将探望权的行使方式约定得具体明确一些，比如每周什么时候接走，什么时候送回来，探望的场所在哪里等。如果是由法院判决离婚，涉及子女探视问题的，也最好能在判决书中明确具体行使方式。当然，虽然探望权的行使方式是以协商为主，但这并不意味着可以阻挠对方行使探望权,甚至是拒绝执行法院的判决。如果不履行法院判决,法院可以采取强制措施来保证探望权的行使。

---

* 刁玫律师,福建旭丰律师事务所高级合伙人,获评福建省金融证券保险专业、婚姻家事法专业律师、福建省履行社会责任先进律师、厦门市优秀律师。政协思明区第九届委员会委员、厦门市法学会首席法律咨询专家、厦门市法学会诉讼法学研究会常务理事、厦门大学法学院实践教学导师、厦门市律协女律师工作专门委员会副主任、厦门市律协民事专业委员会副主任、厦门市中级人民法院、思明区人民法院特邀律师调解员、厦门市海沧区人民法院儿童权益保护观护员、厦门市医患纠纷调解委员会医学专家成员。

** 朱哲钰律师,福建旭丰律师事务所律师,毕业于厦门大学,专注合同法、婚姻家事继承法律事务、公司法律风险管控等法律服务。

012

民法典时代从反家暴典型案例出发谈谈家庭暴力引发的法律问题及法律后果的相关规定

FM99.6 厦门综合广播《新闻招手停》第123期

主持人：海蕾

主讲人：沈玉洪律师*、杨城斌律师**

热点问题发现

探寻社会中关注度高的热点问题

1. 申请人身安全保护令要符合哪些条件？有哪些保护措施？

2. 家庭暴力告诫书有何作用？与人身安全保护令有何区别？

3. 遭遇家庭暴力受害者要收集哪些证据？可向哪些主体寻求帮助？

4. 殴打、精神控制同居女友或时常辱骂共同居住的老年人算家暴吗？
5. 家庭暴力中的正当防卫限度如何认定？

常见问题解答

一问一答为常见法律问题提供指南

问 申请人身安全保护令要符合哪些条件？有哪些保护措施？

答 依据《反家庭暴力法》第27条之规定，作出人身安全保护令，应当具备下列条件：(1)有明确的被申请人；(2)有具体的请求；(3)有遭受家庭暴力或者面临家庭暴力现实危险的情形。值得注意的是，虽然家庭成员及其他共同生活之人尚未遭受家暴，但其有较大可能性遭受家暴的，也可向法院申请人身安全保护令。

申请人身安全保护令，可向法院主张的保护措施有：(1)禁止被申请人(施暴人)实施家庭暴力；(2)禁止被申请人骚扰、跟踪、接触申请人及其相关近亲属；(3)责令被申请人迁出搬离申请人住所；(4)禁止被申请人以电话、短信、即时通讯工具、电子邮件等方式侮辱、诽谤、威胁申请人及其相关近亲属；(5)禁止被申请人在申请人及其相关近亲属的住所、学校、工作单位等经常出入场所的一定范围内从事可能影响申请人及其相关近亲属正常生活、学习、工作的活动;(6)保护申请人人身安全的其他措施。

问 家庭暴力告诫书有何作用?与人身安全保护令有何区别?

答 家庭暴力告诫书是公安机关对情节轻微,依法不给予治安处罚的家庭暴力行为予以告诫,督促加害人改正,禁止其实施家庭暴力而出具的法律文书。告诫书的内容包括加害人的身份信息、家庭暴力的事实陈述及禁止加害人实施家庭暴力等。告诫书的作用主要是制止家庭暴力、预防家庭暴力,也能作为固定家庭暴力事实的证据。

家庭暴力告诫书与人身安全保护令两者的不同之处如下:首先,作出主体不同。人身安全保护令由法院作出,而告诫书则是由公安机关作出。其次,内容重点不同。虽然二者都以禁止实施家庭暴力为主要内容,但侧重点不同。人身安全保护令侧重于强调保护受害者人身安全的各类措施,如禁止骚扰,要求施暴人远离受害人及其家人等。家庭暴力告诫书侧重于禁止家庭暴力的实施陈述,告诫加害人停止不法行为,没有其他具体的保护措施。再次,有效期限不同。人身安全保护令的有效期一般是 6 个月,自作出之日起生效(失效前,法院可以根据申请人的申请撤销、变更或者延长),而家暴告诫书没有有效期。最后,证明力也不同。人身安全保护令不能直接作为认定家暴存在的证据,而告诫书可以。因人身安全保护令案件中"较大可能性"的证明标准与民事诉讼中家庭暴力的证明需达到"高度可能性"的标准不一致。因此,即使法院作出人身安全保护令,也不能免除民事诉讼中存在家庭暴力行为的举证责任，需要主张一方提出更多的证据予以支撑。

问 遭遇家庭暴力受害者要收集哪些证据？可向哪些主体寻求帮助？

答 根据《最高人民法院关于办理人身安全保护令案件适用法律若干问题的规定》第6条的规定，除当事人的陈述外，人民法院应根据以下证据认定其遭受家庭暴力或者面临家庭暴力现实危险的事实存在较大可能性：(1)公安机关出具的家庭暴力告诫书、行政处罚决定书；(2)公安机关的出警记录、讯问笔录、询问笔录、接警记录、报警回执等；(3)施暴者曾出具的悔过书或者保证书等；(4)记录家庭暴力发生或者解决过程等的视听资料；(5)施暴者与受害者或者其近亲属之间的电话录音、短信、即时通讯信息、电子邮件等；(6)医疗机构的诊疗记录；(7)受害者或者施暴者所在单位、民政部门、居民委员会、村民委员会、妇女联合会、残疾人联合会、未成年人保护组织、依法设立的老年人组织、救助管理机构、反家暴社会公益机构等单位收到投诉、反映或者求助的记录；(8)未成年子女提供的与其年龄、智力相适应的证言或者亲友、邻居等其他证人证言；(9)伤情鉴定意见；(10)其他能够证明受害者遭受家庭暴力或者面临家庭暴力现实危险的证据。

依据《反家庭暴力法》的有关规定，家庭暴力受害人及其法定代理人、近亲属可以向以下单位寻求帮助：(1)向加害人或者受害人所在单位、居民委员会、村民委员会、妇女联合会等单位投诉、反映或者求助。有关单位应当给予帮助、处理。此外，遭受家暴后，没有生活来源又无家可归的受害人，可向当地的妇联组织申请入住反家暴庇护站，获得临时生活帮助。(2)向公安机关报案。报案须保留报警回执，必要时可向公安机关申请出具家庭暴力告诫书。(3)依法向人民法院起诉、申请人身安全保护令。此外，遭受家暴后，没有生活来源又准备起诉离婚的，可向当地司法行政机关依法申请法律援助。

问 殴打、精神控制同居女友或时常辱骂共同居住的老年人算家暴吗？

答 殴打、精神控制同居女友或时常辱骂共同居住的老年人同样构成家暴。首先，《反家庭暴力法》第 37 条规定，家庭成员以外共同生活的人之间实施的暴力行为，参照本法规定执行。意味着监护、寄养、同居、离异等关系的人员之间发生的暴力行为也纳入法律约束。其次，殴打行为属于典型的身体侵害行为，是家暴案件中比较常见的暴力行为之一，而精神控制(PUA)为近年来因包某案件而普及的概念，意为通过贬低和否定的方式让对方逐渐失去自信以控制对方。其外在行为通常体现为经常性谩骂、侮辱等，符合《反家庭暴力法》第 2 条关于精神侵害的规定，属于家庭暴力。因此，殴打、精神控制同居女友或时常辱骂共同居住的老年人同样构成家暴。

问 家庭暴力中的正当防卫限度如何认定？

答 在刑法上，正当防卫要求防卫行为“未明显超过必要的限度”，认定防卫行为是否“明显超过必要限度”，应当以足以制止并使防卫人免受家庭暴力不法侵害的需要为标准。具体应根据防卫人所处的环境、面临的危险程度、采取的制止暴力的手段、施暴人正在实施家庭暴力的严重程度、造成施暴人重大损害的程度以及既往家庭暴力史等因素进行综合判断。由2023年最高人民法院发布的中国反家暴十大典型案例之一——邱某某故意伤害案可知，制止正在进行的家庭暴力行为，符合《刑法》规定的认定为正当防卫，不负刑事责任。由2023年最高人民法院发布的中国反家暴十大典型案例之一——姚某某故意杀人案可知，受暴妇女因不堪忍受曾遭受的家庭暴力而杀死施暴人的，可认定为故意杀人“情节较轻”。

典型案例分析

以案说法为纠纷处理提供具体的参考

案件名称：邱某某故意伤害案

案例来源：最高人民法院中国反家暴十大典型案例（2023年）

基本案情 邱某某（女）和张某甲（男）案发时系夫妻关系，因感情不和、长期遭受家庭暴力而处于分居状态。二人之子张某乙9岁，右耳先天畸形伴听力损害，经三次手术治疗，取自体肋软骨重建右耳廓，于2019年6月5日出院。同年7月2日晚，邱某某与张某甲多次为离婚问题发生争执纠缠。次日凌晨1时许，张某甲到邱某某和张某乙的住所再次进行滋扰，并对邱某某进行辱骂、殴打，后又将张某乙按在床上，跪压其双腿，用拳击打张某乙的臀部，致其哭喊挣扎。邱某某为防止张某乙右耳受损，徒手制止无果后，情急中拿起床头的水果刀向张某甲背部连刺三刀致其受伤。邱某某遂立即骑电动车将张某甲送医救治。经鉴定，张某甲损伤程度为重伤二级。检察机关以邱某某犯故意伤害罪提起公诉。

法院观点 法院生效裁判认为，为了使本人或者他人的人身权利免受不法侵害，对正在进行的家庭暴力采取制止行为，只要符合刑法规定的条件，就应当依法认定为正当防卫，不负刑事责任。本案中，邱某某因婚姻纠纷在分居期间遭受其丈夫张某甲的纠缠滋扰直至凌晨时分，自己和孩子先后遭张某甲殴打。为防止张某乙手术不足一月的再造耳廓受损，邱某某在徒手制止张某甲暴力侵害未果的情形下，持水果刀扎刺张某甲的行为符合正当防卫的起因、时间、主观、对象等条件。同时根据防卫人所处的环境、面临的危险程度、采取的制止暴力的手段、施暴人正在实施家庭暴力的严重程度、造成施暴人重大损害的程度以及既往家庭暴力史等因素进行综合判断，应当认定邱某某的正当防卫行为未超过必要限度，不负刑事责任。

裁判结果 依法宣告邱某某无罪。

律师分析 就该案而言，判断女方邱某某的防卫行为是否明显超过必要限度，应当充分体谅一个母亲为保护儿子免受伤害的急迫心情，考虑到孩子身体的特殊状况和女方紧张焦虑状态下的正常应激反应，不能以事后冷静的旁观者立场，过分苛求防卫人员“手段对等”，要求防卫人在孤立无援、高度紧张的情形之下作出客观冷静、理智准确的反应。要设身处地对事发起因、不法侵害可能造成的后果、当时的客观情境等因素进行综合判断，适当作有利于防卫人的考量和认定。

典型案例分析

案件名称：姚某某故意杀人案

案例来源：最高人民法院中国反家暴十大典型案例（2023 年）

基本案情 被告人姚某某（女）和被害人方某某（男）系夫妻关系，二人婚后育有四个子女。方某某与姚某某结婚十余年来，在不顺意时即对姚某某拳打脚踢。2013 年下半年，方某某开始有婚外情，在日常生活中变本加厉地对姚某某实施殴打。2014 年 8 月 16 日中午，方某某在其务工的浙江省温州市某厂三楼员工宿舍内因琐事再次殴打姚某某，当晚还向姚某某提出离婚并要求姚某某独自承担两个子女的抚养费用。次日凌晨，姚某某在绝望无助、心生怨恨的情况下产生杀害方某某的想法。

姚某某趁方某某熟睡之际，持宿舍内的螺纹钢管猛击其头部数下，又拿来菜刀砍切其颈部，致方某某当场死亡。作案后，姚某某拨打"110"报警并在现场等待警察到来。

案发后，被害人方某某的父母表示谅解姚某某的行为并请求对姚某某从轻处罚。

法院观点 姚某某因不堪忍受方某某的长期家庭暴力而持械将其杀死，其行为已构成故意杀人罪。被告人姚某某对被害人方某某实施的家庭暴力长期以来默默忍受，终因方某某逼迫其离婚并独自抚养两个未成年子女而产生反抗的念头，其杀人动机并非卑劣。姚某某在杀人的过程中虽然使用了两种凶器加害在被害人的要害部位，并承认有泄愤、报复的心理，但实际上有其内在意识，是为了避免遭受更严重家暴的报复。姚某某作案后没有逃匿或隐瞒、毁灭罪证，而是主动打电话报警，归案后如实供述自己的犯罪事实，并带领侦查人员找到作案使用的菜刀，具有认罪、悔罪情节。综上，姚某某的作案手段并非特别残忍、犯罪情节并非特别恶劣，可以认定为故意杀人"情节较轻"。姚某某具有自首情节，被害人方某某的父母对姚某某表示谅解，鉴于姚某某尚有四个未成年子女需要抚养，因此对姚某某给予较大幅度的从轻处罚。

裁判结果 被告人姚某某犯故意杀人罪，判处有期徒刑5年。

律师分析 本案系首例适用《最高人民法院、最高人民检察院、公安部、司法部关于依法办理家庭暴力犯罪案件的意见》,将受暴妇女以暴制暴的情形认定为故意杀人"情节较轻"的案件。按照传统的正当防卫理论,不堪忍受家庭暴力的受害人在当前未遭受身体侵害的情况下杀害、伤害施暴者的,因不符合"不法侵害正在进行"的要求,故不构成正当防卫。但本案属于由家庭暴力引发的杀害、伤害施暴人的案件,应充分考虑案件中的防卫因素和过错责任,对符合条件的家暴受害人从宽处理。

---

* 沈玉洪律师,福建旭丰律师事务所民事部副主任;厦门律协第九届刑事诉讼专业委员会委员;厦门律协第九届理事会公益法律服务工作委员会委员;厦门市优秀公益律师;2021 年至 2023 年被评为旭丰所履行社会责任先进律师、旭丰所优秀律师。专注领域:刑事辩护、商品房买卖合同纠纷、公司类合同纠纷、婚姻家事类纠纷与侵权纠纷解决、劳动争议、企事业单位法律风险防控与非诉法律服务。

** 杨城斌律师,专注领域:公司、合同、破产等民商事法律事务领域。

013

民法典时代关于法定继承那些事儿

FM99.6 厦门综合广播《新闻招手停》第91期

主持人：海蕾

主讲人：林铮铮律师*、陈兰馨律师**

热点问题发现

探寻社会中关注度高的热点问题

1. 独生子女是否能当然继承父母的全部遗产？
2. 何为法定继承？何为法定继承顺位？
3. 何为代位继承？何为转继承？
4. “父债子偿”有法律依据吗？

常见问题解答

一问一答为常见法律问题提供指南

问 独生子女是否能当然继承父母的全部遗产？

答 当今社会中，有很多独生子女家庭，独生子女作为家里唯一的掌上明珠，集全家宠爱于一身。很多独生子女认为爸妈的，当然就是自己的，但其实并不当然。

举个房屋继承的案例：刘某系独生女，母亲早逝。母亲去世后，父亲购置了一套个人所有的房屋。2016 年，刘某父亲因病去世。随后，刘某的爷爷奶奶于 2018 年因车祸同时去世。刘某唯一的姑姑育有两个子女，即刘某的表哥和表姐。刘某的姑姑于 2022 年去世，刘某的姑丈早于姑姑过世。现在刘某想要继承父亲的房产，但是刘某的父亲、爷爷奶奶、姑姑在去世时都没有立下遗嘱，按照法定继承的顺位依法进行继承后，这套房子也有刘某的表哥和表姐的份额，无法顺利办理房产过户手续。最终，在表哥和表姐的配合下，才办理完成了这套房屋的过户手续。

在没有遗嘱或遗赠扶养协议的情况下，被继承人的财产按照法定继承处理。此情形下，家庭成员的构成、与自己同样享有继承权的其他家庭成员过世时间顺序等诸多因素都将影响着独生子女能否继承父母的全部遗产。所以，独生子女并不当然能继承父母的全部遗产。

问 何为法定继承?

答 法定继承是指被继承人未立遗嘱或所立遗嘱无效时,根据法律直接规定的继承人的范围、继承顺序、继承条件、继承份额及遗产分配原则等继承被继承人遗产的一种继承方式。

问 法定继承如何继承?

答《民法典》第 1127 条规定了法定继承的顺位。法定继承情形下,先由第一顺序继承人继承,没有第一顺序继承人继承的,由第二顺序继承人继承。

第一顺位继承人是配偶、子女、父母。这里的子女,要作广义的理解,除了婚生子女、非婚生子女,还包括养子女和有扶养关系的继子女;同样地,父母包括了生父母、养父母和有扶养关系的继父母。

第二顺位继承人是兄弟姐妹、祖父母、外祖父母。这里的兄弟姐妹不仅包括同父母的兄弟姐妹、同父异母或者同母异父的兄弟姐妹,也包括养兄弟姐妹、有扶养关系的继兄弟姐妹。

同时,《民法典》第 1129 条还规定了丧偶儿媳对公婆,丧偶女婿对岳父母,尽了主要赡养义务的,也可以作为第一顺序继承人。

问 如果被继承人生前立了遗嘱或遗赠,是不是所有遗产就不可能按照法定继承来继承?

答 不是的。在特定情形下,涉及的遗产有关部分也会按照法定继承办理。比如：遗嘱继承人放弃或丧失继承权、受遗赠人放弃或丧失受遗赠权；遗嘱继承人、受遗赠人先于遗嘱人死亡或者终止；遗嘱未完全处分遗产；遗嘱全部或部分无效。

对于不具备完全民事行为能力的人所立的遗嘱，或有证据证明遗嘱是受欺诈、胁迫所立的，又或者说是伪造、篡改遗嘱的，都会导致遗嘱部分或全部无效，无效的部分涉及的遗产将按照法定继承来办理。

问 同一顺位的继承人份额是否一样？

答 同一顺序继承人继承遗产的份额，一般应当均等。但《民法典》第1130条也有规定了四种例外情况：

第一种情况是对生活有特殊困难又缺乏劳动能力的继承人，分配遗产时应当予以照顾。

第二种情况是对被继承人尽了主要扶养义务或者与被继承人共同生活的继承人，分配遗产时可以多分。

第三种情况是有扶养能力和有扶养条件的继承人，不尽扶养义务的，分配遗产时应当不分或者少分。

第四种情况是经过各继承人之间协商同意的，可以不均等分。

问 还没有出生的小孩有继承权吗？

答 为了更好地保障胎儿的权益，《民法典》第1155条规定了遗产在分割的时候应当保留胎儿的继承份额。如果胎儿能够顺利出生，那么就可以继承已保留的份额，如果胎儿娩出时是死体的，那么保留的份额就按照法定继承进行分割。

问 只有在继承顺位里面的人才可以继承遗产吗？

答 不完全是。《民法典》第1131条也规定了对继承人以外的依靠被继承人扶养的人，或者继承人以外的对被继承人扶养较多的人，可以分得适当的遗产。因为法定继承是具有身份性特征的，一般是将被继承人的遗产分配给与他具有血缘关系、婚姻关系的人，然而如果继承仅限定在有一定的血缘关系、婚姻关系之间，有时会出现不公平的情形。特别是如果与被继承人形成扶养关系的人不属于继承人的话，即便他与被继承人有着非常密切的经济、生活和情感上的联系，在被继承人没有订立遗嘱的情况下，其不能继承任何遗产。为了避免这样的情形，法律作出了例外规定。除此之外，《民法典》还规定了代位继承和转继承的继承方式。

问 何为代位继承？何为转继承？

答 《民法典》第1128条规定了代位继承。代位继承指的是被继承人的子女先于被继承人死亡的，由被继承人的子女的直系晚辈血亲代位继承。例如，王爷爷有10万元财产，如果王爷爷去世了王爸爸可以继承其中的5万元，但王爸爸先于王爷爷去世了，那么小王就可以代替王爸爸继承这5万元本应由王爸爸继承的遗产。

转继承指的是继承开始后，继承人于遗产分割前死亡，且没有放弃继承的，该继承人应当继承的遗产转给其继承人，但是遗嘱另有安排的除外。例如，王爷爷有10万元财产，如果王爷爷去世后王爸爸可以继承其中的5万元，但是还没有开始分割遗产王爸爸就去世了，那么这5万元的遗产，就由王爸爸的继承人小王等人进行继承。

问 继承过程中去世亲属的死亡时间如何认定？

答 实践中可能出现相互有继承关系的数人在同一事件中死亡，并且难以确定死亡时间的情形。如果出现这种情形，就可以依据《民法典》第1121条的规定，推定没有其他继承人的人先死亡；都有其他继承人，辈分不同的，推定长辈先死亡；辈分相同的，推定同时死亡，相互不发生继承。例如，王爷爷、王爸爸、王妈妈、小王还有孤儿小李一起出门旅游，结果不幸遭遇车祸均去世了，且难以确定死亡的先后顺序。那么就推定没有继承人的小李先死亡，不发生继承；而就小王一家，因为都是相互有继承关系的亲人，所以推定长辈先死亡，也就是王爷爷最先去世；辈分相同的同时死亡，互相不发生继承，所以推定王父王母同时去世，小王最后死亡。

问 会不会出现继承人丧失继承权的情形？

答 会的。《民法典》第1125条规定了五种继承人丧失继承权的情形：第一种是故意杀害被继承人的；第二种是为争夺遗产而杀害其他继承人的；第三种是遗弃被继承人，或者虐待被继承人情节严重的；第四种是伪造、篡改、隐匿或者销毁遗嘱，情节严重的；第五种是以欺诈、胁迫手段迫使或者妨碍被继承人设立、变更或者撤回遗嘱，情节严重的。但是在第三种至第五种情形下，如果继承人确有悔改表现，被继承人表示宽恕或者事后在遗嘱中将其列为继承人的，该继承人不丧失继承权。

问 如果没有继承人，或继承人放弃继承权或丧失继承权，那留下的遗产如何处理？

答 如果是无人继承又无人受遗赠的遗产，归国家所有，用于公益事业；如果这个人生前是集体所有制组织成员的，那么他的遗产就归所在集体所有制组织所有。

问 常会听到"父债子偿"的说法，这个说法有法律依据吗？

答 这个说法不完全正确。依据《民法典》第1161条的规定，继承人要以其所得的遗产实际价值为限清偿被继承人依法应当缴纳的税款和债务。超过遗产实际价值的部分，继承人自愿偿还的不在此限。如果继承人放弃继承的，对被继承人依法应当缴纳的税款和债务可以不负清偿责任。

所以如果子女放弃对父母遗产的继承权，就不需要偿还父母的债务的；但如果子女继承了父母的遗产，就需要在继承的遗产范围内承担清偿责任。但是应当注意，继承人放弃继承的，应当在遗产处理前，以书面形式作出放弃继承的表示；没有表示的，视为接受继承。所以如果想要放弃继承，需要及时作出书面表示才行。

问 如果当事人死亡后，仍有债务未履行完毕，但所有继承人均放弃继承，在这样的情况下，债权人应当向谁主张权利？

答 可以向法院起诉，指定遗产管理人，由遗产管理人负责处理涉及遗产的有关事务，包括清偿债务等。因为根据《民法典》第 1145 条的规定，继承开始后，通常由遗嘱执行人或者继承人推选的人担任遗产管理人来处理遗产，继承人未推选的，由继承人共同担任遗产管理人。在没有继承人或者继承人均放弃继承的情况下，为了妥善解决被继承人生前所负的债务，维护继承人和债权人的合法权益，可以由被继承人生前住所地的民政部门或者村民委员会担任遗产管理人。

---

* 林铮铮律师，福建旭丰律师事务所第一党支部书记、第九届厦门市律师协会公益法律服务委员会委员、律所证券与资本市场部副主任，律所青年律师工作委员会副主任；第三届福建青年律师辩论大赛厦门代表队成员、第三届福建青年律师辩论大赛“亚军”及“最佳风采奖”、首届厦门市青年律师辩论赛“季军”及“最佳辩手”、第三届福建青年律师辩论大赛厦门选拔赛“最佳风采奖”；主要从事民商事领域的法律事务，包括合同、建设工程、房地产、侵权、劳动等在内的诉讼业务及公司设立、收购、债券发行、法律风险控制、企业破产清算等非诉法律业务。

** 陈兰馨律师，厦门大学法律硕士，福建旭丰律师事务所公司法业务部、建设工程业务部委员。专注领域：公司商事、合同纠纷、建设工程等领域争议解决及非诉讼法律服务。

014

关于遗产继承，你需要知道的事

FM99.6 厦门综合广播《新闻招手停》第 111 期

主持人:海蕾

主讲人:罗秀芳律师*、周慧律师**

热点问题发现

探寻社会中关注度高的热点问题

1. 继承开始后该如何确定遗产范围?
2. 依法可获得遗产的民事主体(继承人)范围有哪些?
3. 遗产的继承该如何进行?

常见问题解答

一问一答为常见法律问题提供指南

问 继承开始后该如何确定遗产范围？

答《民法典》第1122条规定："遗产是自然人死亡时遗留的个人合法财产。依照法律规定或者根据其性质不得继承的遗产，不得继承。"而《民法典》总则编将自然人可以继承的财产权利概括为五大类：(1)物权；(2)债权；(3)知识产权；(4)投资获得的权益；(5)其他财产性权利。近年来，新技术创新领域中投资的各种数据产业或互联网产业依法取得的收益也可以作为遗产继承。因此，通常而言，遗产范围是指被继承人死亡时遗留的个人合法、可继承的财产或财产权利。

问 哪些财产属于"依照法律规定或根据其性质不得继承的遗产"？

答 依照法律规定或根据其性质不得继承的遗产，可以归纳为以下几种：

1. 国家财产、集体财产、社会组织财产和他人财产。比如：被继承人与他人共有的财产中，属于他人的部分不能继承。最常见的就是被继承人的夫妻共同财产中属于配偶的那部分财产。

2. 人身权项下各类人格权和身份权。

3. 知识产权中的人身权。我国《民法典》第992条规定人格权不得放弃、转让、继承。第990条规定人格权是民事主体享有的生命权、身体权、健康权、姓名权、名称权、肖像权、名誉权、荣誉权、隐私权等权利。

4. 与自然人人身存在不可分离的权利和义务。例如,对企业的合伙人身份、雇佣合同中的劳动权、财物代管权,接受他人遗赠的受遗赠权、扶养费、养老金、伤残抚恤金、生活补助费的请求权,劳动工资的请求权,以及其他与工作或者职务相联系的经济待遇,如公费医疗、廉租房、公租房等。

5. 经常被误认为是遗产的财产。比如:被继承人生前已赠与子女或他人的财产和产权已经发生转移的财产,或尚未取得所有权的财产(转继承除外),不属遗产范围;被继承人的死亡抚恤金、丧葬费、死亡赔偿金、精神损害抚慰金等,因为这份财产一般是在被继承人因事故或因公死亡之后获得,是对死者近亲属的经济补助和精神抚慰,并非死者的遗产。

6. 保险金一般不能被继承。一般来说,如果保险指定了受益人,那么被保险人死亡后,保险金应该属于受益人,而不是被保险人的遗产,当然特殊情况除外。

问 依法可获得遗产的民事主体(继承人)有哪些种类?

答 继承人包括以下几类:

1. 与遗赠人签订遗赠扶养协议的抚养人。其权利取得不是基于继承,而是基于遗赠协议约定。

2. 受遗赠人。公民可以遗嘱方式将个人财产赠与国家、集体或法定继承人以外的个人。

3. 遗嘱继承人。需要特别注意遗嘱继承的特留份规定,《民法典》第 1141 条规定,遗嘱应当为缺乏劳动能力又没有生活来源的继承人保留必要的遗产份额。

4. 法定继承人。第一顺序法定继承人包括配偶、子女、父母、尽了主要赡养义务的丧偶儿媳和女婿。第二顺序法定继承人包括兄弟姐妹、祖父母、外祖父母。

遗产分割时的胎儿预留份额。《民法典》第 1155 条规定遗产分割时,应当保留胎儿的继承份额。胎儿娩出时是死体的,保留的份额按照法定继承办理。

5. 酌情可分得遗产的人。《民法典》第 1131 条规定对继承人以外的依靠被继承人扶养的人,或者继承人以外的对被继承人扶养较多的人,可以分给适当的遗产。

问 法律有没有规定哪些人不能取得遗产?

答 不能取得遗产的人可以概括为两种类型:一是主动放弃继承权的继承人;二是被动丧失继承权的继承人。

《民法典》第 1125 条规定继承人有下列行为之一的,丧失继承权:(1)故意杀害被继承人;(2)为争夺遗产而杀害其他继承人;(3)遗弃被继承人,或者虐待被继承人情节严重;(4)伪造、篡改、隐匿或者销毁遗嘱,情节严重;(5)以欺诈、胁迫手段迫使或者妨碍被继承人设立、变更或者撤回遗嘱，情节严重。

问 遗产的继承该如何进行？

答 继承开始后，继承的顺序是遗赠扶养协议 > 遗嘱 > 法定继承，即遗赠扶养协议优先于遗嘱，遗嘱优先于法定继承，前者处理完了还有剩余才轮到后者。

同时，《民法典》第 1132 条规定继承人应当本着互谅互让、和睦团结的精神，协商处理继承问题。遗产分割的时间、办法和份额，由继承人协商确定；协商不成的，可以由人民调解委员会调解或者向人民法院提起诉讼。

在处理遗产过程中，需要注意以下几点：

1. 继承人如果没有争议的，可共同到公证处办理继承公证，继承的财产如果是不动产的，可由所有继承人带齐相关资料到不动产登记中心办理过户登记。

2. 继承人放弃继承的，应当在继承开始后、遗产分割前以书面形式做出放弃的意思表示。

3.《民法典》对于继承人放弃继承和受遗赠人放弃受遗赠作了不同规定。继承人放弃继承的，必须明示，就是以书面形式做出放弃继承的表示；只要没有明确表示放弃的，就视为接受继承。而受遗赠正好相反，在法定期限内，受遗赠人只要没有明确表示接受遗赠的，则视为放弃受遗赠。

4. 继承诉讼开始后，如继承人、受遗赠人既不愿参加诉讼，又不表示放弃实体权利的，应当追加为共同原告。

典型案例分析

以案说法为纠纷处理提供具体的参考

案件名称：张某等4人与王某丽等兄弟姐妹遗赠纠纷案

审理法院：南通市崇川区人民法院

案例来源：《人民法院报》2023年6月14日，第3版

基本案情 2021年7月王某斌去世，由于其妻子及女儿均已去世，王某丽等五名兄弟姐妹成为其法定继承人。王某斌留下两套房屋，其中一套50%份额为王某斌所有，50%份额为王某丽所有，此外还有银行理财款若干。

2022年，张某等非王家亲属以一份签署日期为2020年9月26日的王某斌自书遗嘱为依据，将王某丽等兄弟姐妹五人诉至崇川区人民法院，要求继承王某斌的遗产。遗嘱中，王某斌将银行理财款中的40万元及部分房屋均交由张某等人共有，其余理财款以王某斌女儿的名义上缴国库。据张某陈述，王某斌去世前得到了张某等人的照料，写下了这份

遗嘱。

审理中,王某丽也提交了一份签署日期为2021年6月8日的王某斌自书遗嘱,内容则是房屋由兄弟姐妹继承,理财款也交给王某丽。经法院委托司法鉴定,结论为王某丽提供的遗嘱字迹形成晚于2021年7月1日,两份遗嘱不是同一人书写,张某提供的遗嘱字迹与样本字迹为同一人书写。王某斌去世后及诉讼期间,王某丽多次从王某斌银行卡中转出累计60余万元。

法院观点及裁判结果:崇川区人民法院审理认为,王某斌立有自书遗嘱,具有法律效力。而王某丽提供的“遗嘱”系伪造,为无效遗嘱。王某丽伪造遗嘱后毫无悔改表现,且转移王某斌的巨额遗产,情节严重,丧失对王某斌遗产的继承权。最终根据王某斌2020年遗嘱及法定继承对遗产进行分割,王某丽退还转移的60余万元并上缴国库。

律师分析 遗嘱是被继承人按照自己的意愿处置合法财产的法律形式,任何人不能代替被继承人生前的真实意思。根据我国《民法典》的规定,继承人故意杀害被继承人;为争夺遗产而杀害其他继承人;遗弃被继承人或者虐待被继承人情节严重;伪造、篡改、隐匿或者销毁遗嘱情节严重;以欺诈胁迫手段迫使或者妨碍被继承人设立变更或撤回遗嘱情节严重的丧失继承权。

本案中王某丽伪造遗嘱,违背了被继承人生前的真实意愿,侵犯了被继承人生前对其财产的处分权,侵害了其他继承人的继承权,因而丧失了继承权。完善的继承权丧失制度有利于规范继承人的继承行为,维护社会的道德人伦和家庭秩序,维持良好的遗产继承秩序、保证被继承人的遗嘱自由。

---

* 罗秀芳律师,主要执业领域:企业法律事务、合同、婚姻家庭、劳动争议等。

** 周慧律师,北京师范大学硕士,主要执业领域:合同纠纷、公司法、劳动争议、金融等。

Part Three

第三编 房产物业

3

015

聊聊商品房交房常见问题

FM99.6 厦门综合广播《新闻招手停》第 92 期

主持人:海蕾

主讲人:黄芳律师*、许玲实习律师

热点问题发现

探寻社会中关注度高的热点问题

1. 商品房交房的法律规定是什么?

2. 业主收房时如果发现质量问题,可以拒绝收房吗?开发商是否要承担逾期交房的违约责任?

3. 房屋一般质量问题及房屋质量问题严重影响正常居住使用的情形通常包括哪些,应如何区分?

4. 开发商的销售广告和宣传资料的内容是否属于合同内容,应如何认定看待其法律效力?

常见问题解答

一问一答为常见法律问题提供指南

问 商品房交房的法律规定是什么?

答 根据当前采用的住建部、国家工商总局 2014 版《商品房买卖合同(预售)》示范文本,关于商品房交付条件约定在第 9 条,内容包括“商品房已取得建设工程竣工验收备案证明文件”以及“商品房已取得房屋测绘报告”,即根据合同约定,如果开发商取得该两项材料,就符合了交房条件,就可以通知交房将房产交付给业主。

根据《房屋建筑和市政基础设施工程竣工验收备案管理办法》的规定,建设单位申请竣工验收备案时,应当提交各类竣工验收备案文件,备案机关收到建设单位报送的竣工验收备案文件后,才能出具工程竣工验收备案表。此外,工程质量监督机构也应当在工程竣工验收之日起 5 日内,向备案机关提交工程质量监督报告。实务中,开发商在取得建设工程竣工验收备案证明文件(以下简称竣备证)后,通常就会向业主发出交房通知书通知交房。所以,业主在收房时可以注意审查开发商是否取得了合同约定的竣备证。

问 业主收房时如果发现质量问题,可以拒绝收房吗?开发商是否要承担逾期交房的违约责任?

答 关于业主收房时发现质量问题,是否可以拒绝收房的问题,应区分不同的情况。房地产行业属于高周转行业，建设工程属于人工密集型的行业，涉及的规范、流程、工序繁多，出现一些小质量问题其实是在所难免。根据《最高人民法院关于审理商品房买卖合同纠纷案件适用法律若干问题的解释》规定，对于房屋质量问题实际上是划分了三种情形。

第一种是一般质量问题，既不影响正常居住使用又并非房屋主体结构质量不合格，这种情况下，业主是不能拒绝收房的，但交房后，开发商应承担保修责任。换言之，即使业主拒绝收房，法律上也是认定开发商完成了交房义务。开发商无须承担逾期交房的违约责任，且房屋的风险也转移给了业主，物业公司有权开始收取物业费。这种情况下，业主因拒绝收房拖延了实际收房时间的，不能向开发商主张逾期交房的违约责任，客观上可能会得不偿失。

第二种是房屋质量问题已经严重影响正常居住使用，这种情况下，法律规定业主有权请求解除合同和赔偿损失。但关于房屋质量问题已经严重影响正常居住使用的认定，需要根据具体案件情况单独判断。有些省高院对此有进一步规定，比如福建省高级人民法院规定，认定是否“因房屋质量问题严重影响正常居住使用”，应当结合是否对买受人的生命和财产安全、身体健康造成重大影响、是否严重干扰和影响了买受人的正常生活、可否修复等，予以综合判断。从维持交易稳定和维护市场经济发展出发，法院一般是不轻易判令解除合同的，所以规定使用的是重大影响、严重影响这些措辞,而且还要考虑是否可以修复等因素综合判断。

第三种是房屋主体结构质量不合格不能交付使用,或者房屋交付使用后,房屋主体结构质量经核验确属不合格。这种情况下,业主是有权请求解除合同和赔偿损失。

问 房屋一般质量问题及房屋质量问题严重影响正常居住使用的情形通常包括哪些,应如何区分?

答 所谓一般质量问题,通常指收房时出现的防水渗水、门窗边变形、墙体空鼓、墙皮脱落等问题。大部分一般质量问题并不会影响业主正常居住使用,只是会产生观感上的不舒适,或者说产生一点点使用障碍。这种情况下,业主一般不能拒绝收房,但可以要求开发商承担保修责任。比如某案例中,业主收房认为房屋存在厨房地面防水层没有做反口、卫生间缺少防水层等问题,起诉要求开发商支付逾期交房违约金7万余元,但法院认为这些问题属于一般质量问题,且开发商也有履行保修义务,便驳回了业主的诉讼请求。

所谓房屋质量问题严重影响正常居住使用的情形,可依据江苏省高级人民法院相关规定予以参考,比如开发商擅自变更商品房的朝向、户型等规划、设计条件;房屋存在渗漏、异响等在合理期限内无法查明原因或经出卖人维修仍无法修复;水、电、气等基础设施无法实际投入使用;消防设施未经过验收合格或无法实际投入使用;订立合同时出卖人未披露房屋存在违反善良风俗情形，以及其他严重影响正常居住使用的情形。某案例中，原告购买别墅入住后发现该房屋一层陆续出现墙体反碱、纤维网脱落导致墙体涂料及壁纸严重碱化脱落，厨房地面渗水，墙体用电插座不能使用等情况，造成家电等日常生活用品不能正常摆放；室内潮湿的环境、空气中的“霉气”味道及墙面等“破烂不堪”的状态，直接导致室内一层房屋不能正常居住使用；别墅建有温泉池但不能引温泉水入户；而且历时六年维修，均不能改变墙体碱化、墙面脱落、地面渗水等现状，最终法院认为房屋不能保障最基本的居住使用条件，更谈不上舒适的居住环境，因此支持了业主要求解除合同的诉求。

关于如何区分一般质量问题和房屋质量问题严重影响正常居住使用的情形，涉及专业判断，而且每个案件的情况都不同，业主购买的房屋如果出现质量问题，建议寻求专业律师给予专业意见，以免不当行使权利给自身带来损失。

问 开发商的销售广告和宣传资料的内容是否属于合同内容，应如何认定看待其法律效力？

答 商品房预售的环境下，业主买房时能看到的是开发商的宣传资料、样板房，听到的也是营销和销售人员的口述，这些基本构成了预售制下消费者对于现房的预期，但由此引发的纠纷层出不穷，因此最高人民法院就这一问题专门在司法解释中作了特别的规定。另需注意的是，通常只有写入合同的内容，才对双方具有约束力。所以，消费者签署购房合同时要仔细查看合同条款,特别是补充条款中关于学区、周边条件等内容的约定。

如前所述,一般没有写入合同的内容,对双方是没有约束力的,但《最高人民法院关于审理商品房买卖合同纠纷案件适用法律若干问题的解释》第3条规定:“商品房的销售广告和宣传资料为要约邀请,但是出卖人就商品房开发规划范围内的房屋及相关设施所作的说明和允诺具体确定,并对商品房买卖合同的订立以及房屋价格的确定有重大影响的,构成要约。该说明和允诺即使未载入商品房买卖合同,亦应当为合同内容,当事人违反的,应当承担违约责任。”简单来讲,就是销售广告和宣传资料一般不属于合同内容,对双方都没有约束力,业主不能以广告内容来要求开发商实际履行。但是如果开发商在销售广告和宣传资料中,对于房屋包括设施所做的宣传说明或者承诺具体确定,而且对于业主是否签订合同以及对于房屋价格的确定有重大影响的,即使没有写入合同,也视为合同内容,如果违反了就要承担违约责任。比如开发商宣传小区绿化面积大、配套休闲设施多、城区中心极品住宅典范、英伦风情、奢华海景等,这种一般不会被界定为属于具体确定,但如果宣传的小区绿化率达到50%、3000平方米的绿化、入住即可上某重点名校等,这种可能就会被认定为属于具体明确,且对买卖合同的订立以及房屋价格的确定有重大影响。如果交付的与实际不符,开发商可能就得承担违约责任。

典型案例分析

以案说法为纠纷处理提供具体的参考

案件名称:王某与大连德泰房地产发展有限公司商品房销售合同纠纷案

案号:(2016)辽02民终1281号

审理法院:辽宁省大连市中级人民法院

案例来源:中国裁判文书网

基本案情 王某为购买案涉房屋,与大连德泰房地产发展有限公司签订《商品房买卖合同》及《补充协议》。《商品房买卖合同》第13条约定,交付使用的商品房的装饰、设备标准应符合双方约定(附件三)的标准。达不到约定标准的,以实际交付为准。合同附件三中约定装饰、设备标准为:公共走廊,电梯间为石材面层,楼梯间为防水白色环保乳胶漆,电梯为高品质电梯。《补充协议》第16条第2款约定双方通过口头、书面、实物及其他形式(包括但不限于双方在交易过程中口头表达的意向和信息、广告、楼书、宣传片、样板间、示范区、沙盘、模型)等所表达的信息都不作为双方权利、义务、责任及出卖人有关该商品房的一切承诺的依据,不构成合同内容。项目《宣传手册》载明"采用五星级精装入户大堂……尊享五星级酒店式非凡礼遇……豪华入户电梯,让等待也成为一种美的享受”，上述文字下方附精装修入户大堂、电梯的示意图。《宣传手册》倒数第2页下方用小五号字载明“本广告仅供参考，所引用的图片和资料，均以政府部门最终批复为准，买卖双方权利与义务以商品房买卖合同为准”。

后王某主张大连德泰房地产发展有限公司交付的房屋所在入户大堂和电梯间与《宣传手册》图片不符，起诉要求大连德泰房地产发展有限公司支付违约金。一审法院判决驳回王某诉讼请求后，王某提起上诉。

二审法院观点：案涉《商品房买卖合同》和《补充协议》系双方当事人的真实意思表示，不违反法律、行政法规的效力性强制性规定，应为有效，当事人应当按照约定履行自己的义务。关于时代广场宣传手册中载明的“时代广场，采用五星级精装入户大堂……尊享五星级酒店式非凡礼遇……豪华入户电梯，让等待也成为一种美的享受”的内容，上诉人主张构成法律意义上的要约，对被上诉人具有约束力。因法律规定要约应当具体明确，而《宣传手册》中对“精装”“豪华”等文字表述的含义并不具体明确，而且在该宣传手册倒数第2页下方用小五号字也载明“本广告仅供参考，所引用的图片和资料，均以政府部门最终批复为准，买卖双方权利与义务以商品房买卖合同为准”，该小五号字体在该宣传手册其他地方也使用过，故本院认为《宣传手册》载明的该内容应当视为要约邀请，不构成要约，对上诉人的该项主张，本院不予支持。

裁判结果 驳回上诉,维持原判。

律师分析 《最高人民法院关于审理商品房买卖合同纠纷案件适用法律若干问题的解释》第 3 条规定:“商品房的销售广告和宣传资料为要约邀请,但是出卖人就商品房开发规划范围内的房屋及相关设施所作的说明和允诺具体确定,并对商品房买卖合同的订立以及房屋价格的确定有重大影响的,构成要约。该说明和允诺即使未载入商品房买卖合同,亦应当为合同内容,当事人违反的,应当承担违约责任。”由于案涉《宣传手册》中所载明“某项目,采用五星级精装入户大堂……豪华入户电梯……”等内容,并未对五星级和豪华的标准进行具体确定,且该项目《宣传手册》中已明确标注“本广告仅供参考,所引用的图片和资料,均以政府部门最终批复为准,买卖双方权利与义务以商品房买卖合同为准”,故不应认定开发公司对电梯配置作出具体确定的说明和允诺,该项目《宣传手册》相关内容不应视为要约,不属于合同内容,则王某以开发公司交付的商品房不符合宣传资料为由要求支付违约金的请求,不符合合同约定,法院不予支持。

---

* 黄芳律师,福建旭丰律师事务所高级合伙人,2019、2020 年度优秀律师,房地产专业委副主任,建设工程业务部委员;厦门中院首批特邀调解组织调解员;厦门市政府市长热线律师;厦门综合广播新闻招手停栏目特邀律师;曾获福建省律师协会、厦门市律师协会、《厦门晚报》等专题报道。

016

民法典时代二手房买卖常见的法律风险及防范

FM99.6 厦门综合广播《新闻招手停》第 95 期

主持人：海蕾

主讲人：黄芬嫘律师*、林铮铮律师**

热点问题发现

探寻社会中关注度高的热点问题

1. 识别二手房交易“新骗局”，警惕“钱房两空”。
2. “一房数卖”如何处理？“带押”可以过户吗？
3. 二手房买卖应注意哪些事项？
4. “凶宅”买卖的相关问题。

常见问题解答

一问一答为常见法律问题提供指南

问 新型二手房买卖骗局是什么样的？

答 新型二手房买卖骗局近几年在全国各地均有出现。这类“新骗局”，一般可以拆分成四个步骤：第一步，寻找房源，骗取房东信任。这些人一般会扮演成功人士，出手大方，极少还价，或是与自己事先安排的“中介”一唱一和，以此骗取房东信任。第二步，正常走流程买房。跟房东签订二手房买卖合同，付首付，办理银行按揭，再将房屋过户到指定的“代持人”名下。第三步，撤销按揭贷款或是实际没有去办理按揭贷款，骗子们会以节省手续费为由，提出自己到银行办理按揭；有的骗子会在申请完按揭后，偷偷去银行撤销按揭贷款。第四步，转移财产，骗子会把已经过户的房产抵押给其他金融机构或是民间借贷机构以房抵债，甚至以一房数卖的形式转手给多个购房人，获得大额资金。

问 如何预防诈骗行为，保护自身利益？

答 买卖双方可选择口碑好、具有一定规模的房地产中介机构进行房屋买卖交易，签约前需查看中介门店是否有营业执照和经纪备案，对交易相对方和中介机构的资质、信誉进行核实。另外，签约时买卖双方需认真查看合同条款，除合同条款外，应对特别约定保持警惕，不签署任何带有违规操作的协议，如约定申请经营贷、签订阴阳合同等。

问 "一房数卖"如何处理？

答 "一房数卖"是指出卖方在签订房屋买卖合同后，又将同一房产作为合同标的再次出卖给其他人的行为。该房屋出卖人会与多个买受人签订多份房屋买卖合同，而各份房屋买卖合同如果均系合同当事人的真实意思表示，司法实践中，可能存在多份合同被认定为合法有效合同的情况。

问 房子仅有一套，在各份房屋买卖合同均有效的情况下，如何确定谁能取得房子？

答 根据《第八次全国法院民事商事审判工作会议（民事部分）纪要》第15条的规定，审理一房数卖纠纷案件时，如果数份合同均有效且买受人均要求履行合同的，一般应按照已经办理房屋所有权变更登记、合法占有房屋以及合同履行情况、买卖合同成立先后等顺序确定权利保护顺位。但恶意办理登记的买受人，其权利不能优先于已经合法占有该房屋的买受人。对买卖合同的成立时间，应综合主管机关备案时间、合同载明的签订时间以及其他证据确定。

总结来说，"一房数卖"的权利保护顺位为：(1)已经办理不动产登记的优于未办理登记的；(2)均未办理登记，先占有房产的优于后占有的；(3)均未占有的，按照合同的履行情况、买卖合同成立的先后顺序确定。

问 对于无法取得房屋所有权的买受人而言,如何维护自身权利?

答 无法取得房屋所有权的买受人可以以出卖人严重违约,致使房屋买卖合同之目的不能实现为由,诉请法院解除合同、返还已付购房款及利息,同时还可以要求出卖人承担违约责任或者赔偿房屋差价损失等。不动产物权登记具有公示公信效力,是权利人享有不动产物权的权属证明,在买房时如何防止"一房多卖",重中之重是尽快办理过户登记,完成产权变更手续,以防夜长梦多。若未办理登记,一般通过银行转账或微信、支付宝等方式支付物业管理、水、电、气费的缴纳记录,费用票据原件,交房通知书,房屋验收表等也可以作为占有房产的证明。

问 设立了抵押登记的房屋,是否一定要先还清贷款,涂销抵押登记之后才能办理过户登记,"带押"可以过户吗?

答 目前厦门市已经开始实施"带押过户"新模式,其他地区也有在试点二手房的"带押过户"。简单来讲就是交易双方只要选择同一按揭银行,在房贷未还清、房产未解押的情况下,可以直接交易、过户。"带押过户"模式的推出,在一定程度上节约了交易费用,也降低了交易的风险。

针对不支持"带押过户"的地区或者买受人对于卖方贷款银行的利率等不满意,不想通过"带押过户"方式进行的,也可以考虑通过担保公司提供担保,办理转按揭贷款的方式进行交易,但这种方式需要支付担保公司相应费用。

问 二手房买卖中有何注意事项？

答 二手房买卖中，买受人应注意审查产权登记人的情况，避免出现出售人无权处分的情况。如不动产产权登记上为多人共同所有，全部所有权人应当共同签署房屋买卖合同；如房屋可能是夫妻共同财产但仅登记一人的名字，建议让另一方出具同意出售的证明或者出具委托手续；如产权是继承人共有，则可要求卖方出具其他继承人已放弃继承权的公证书等证明文件，或要求全部继承人共同签约，否则可能致使房屋的所有权不能依法转移。除此之外，如果产权登记人是未成年人的，处理该房产必须是为了未成年人的利益，且应注意有监护人到场，并到公证处办理监护公证，避免风险。

对于出卖人而言，应审查买受人的个人征信情况，征信是否良好关系到能否按时足额支付房款、房产能否顺利过户等。此外，还应注意买受人是否具有购房资格，如果买受人没有购房资格，将可能导致合同无法履行等问题。

问 对于想要购买的二手房，有何注意事项？

答 对于拟购买的二手房，首先，注意审查房屋的产权状况，特别是房屋抵押情况。要注意核对不动产产权登记簿是否为原件，所载产权人与出售人身份证是否一致，是否存在抵押登记。市场上的二手房大多存在抵押贷款情形，作为买受人要区分住房抵押按揭贷款及其他抵押登记，如涉及其他抵押登记，出卖人可能存在对外负债情形，此时该出售房屋容易出现被出卖人的债权人采取司法查封措施的情况,尤其是多次抵押房屋,更要防止“钱房两空”。

其次,要关注房屋的土地性质。在购买房屋时应当注意审查房屋土地性质:商品房可自由交易;房改房通常可自由交易,但一般需要依法办理审批手续,并补交土地出让金;城市自建房如果土地性质是国有出让可自由交易,若是划拨用地则需补交土地出让金;农村自建房的,土地性质为集体所有的宅基地,只能在农村集体组织成员之间交易。此外,商业用地与住宅用地在使用年限、税费等方面也存在较大区别,要特别关注。

再次,还要查看房屋的实际居住情况。在购买房屋时应当实地查看房屋情况,判断房屋是否为卖方自住,以防出现出售他人房屋的情形。如房屋正处于租赁状态,应当要求查看租赁合同,并要求出卖人处理清楚房屋租赁问题,避免承租人以“买卖不破租赁”为由,影响对房屋的使用。另外,还可到物业、供暖等部门询问房屋是否有欠费等情况。如果需要进一步审查,可以要求卖方配合到房屋管理部门、派出所户籍部门查询房屋情况、户籍情况等。

最后,要查看房屋是否设立了居住权。居住权是我国《民法典》新增的一项用益物权。居住权人有权按照合同约定或者遗嘱,经登记占有、使用他人的住宅,以满足其稳定的生活居住需要。如房屋设立居住权,须保障居住权人的权益,房屋的自由处分将受到限制。买受人在签订房屋买卖合同时应当注意审查房屋是否设立居住权,并在合同中加以约定，防止无法正常居住使用房屋的情形发生。

问 对于想购买学区房的买受人，有何特别需要注意的事项？

答 如果想购买的是学区房，那么在签订合同时，应要求卖方出示户口簿核实交易房屋的落户情况，看是否有适龄儿童落户，必要时可要求和卖方一并前往派出所等有关部门进行核实。可以要求卖方书面承诺学位未被占用，并约定违约责任，同时一并约定学位被占用是合同解除的条件。

另外，由于户口迁移问题属于公安机关户籍管理的职权范围，不同区域具有一定差异性，所以买受人在买房前应向欲购买房屋所在地派出所咨询房屋落户相关政策，不能仅凭出卖人或中介机构的保证而盲目购买。签订合同时应当明确约定户口迁出的日期，以及逾期时应当承担的违约责任，以此督促出卖人履行合同义务，尽早办理户口迁移手续。

问 二手房买卖，在付款方面有何注意事项？

答 在付款金额上，要注意约定清楚转让价格和税费如何承担。买卖双方在房屋买卖合同中应当载明房屋价款、付款货币种类及其单位，并对家具家电、房屋的附属物或添加物是否包含在总房款内作出约定，如涉及地下室、车库、停车车位，要明确对应的面积、位置及价款，防止因约定不明产生纠纷。

在付款期限上，应当注明每笔款项对应的付款时间及付款方式，最好以约定定金的方式保障双方的权益。如果涉及贷款支付的，应对银行放款的期限加以明确,并约定清楚因一方原因导致未能及时办理贷款时的违约责任。

在付款方式上,因为房款一般都是较大数额的,建议采用转账方式付款,并备注好款项性质,尽量不使用现金支付,必要时让收款方出具相应的收条。

在税费缴纳上,应于签订房屋买卖合同时就明确双方各自应承担的税费,避免后续因税费的承担产生争议。

问 交付房屋时应该注意哪些事项?

答 交付房屋方面要注意约定好交房期限和过户时间。交房期限和过户时间作为房屋交付中至关重要的内容,应在合同中进行明确具体的约定,并确定相关的违约责任。特别要有对过户时间的明确约定,因为不动产的所有权转移采取公示公信原则,如不进行产权过户登记,房屋的所有权不发生转移。如果对交房期限和过户时间约定不明确,又不能通过合同的其他条文以及交易习惯加以确定的,买受人的利益将因出卖人的拒绝履行或不能履行受到侵害。

在具体交付的过程中,还应注意设施设备的清点。注意水电、煤气、天然气余额的清点及过户,注意有线电视、数字电视、电话、宽带的过户,注意结清物业服务费、公共维修基金、取暖费,注意房屋钥匙的清点等。对于房屋的质量问题更要仔细排查,注意对房屋墙面、墙体是否有裂缝、水迹,门窗材质或整体有无变形、是否具备正常的功能等问题加以验收,最好签署房屋交接书，如发现某些方面不符合合同约定的，应将问题在房屋交接书中予以注明。

问 什么是“凶宅”？

答 “凶宅”并非法律概念，实践中判断交易房屋是否为凶宅，主要从两个方面进行考量：一是死亡形式，发生人为因素导致的非正常死亡，如自杀或者凶杀，一般不包含自然、生理病亡以及意外事件致死等；二是死亡地点，发生在房屋内部即房屋专有部分。当然全国各地公序良俗、交易习惯可能存在差异，不同地方评价的标准也可能不同，所以还需综合考虑房屋内发生事件的性质以及社会上普通民众的接受和认可程度来判断是否为“凶宅”。但“凶宅”系带有迷信色彩的说法，唯物主义者不支持这一观点。

问 出卖人明知交易的房屋系“凶宅”，是否需要主动告知买受人？

答 民事行为应遵循诚实信用原则，出卖人在出售房屋时应如实披露涉案房屋的全部相关信息，不得故意隐瞒与合同有关的重要事实或提供虚假信息。从日常生活经验及民间习俗，“凶宅”虽不会直接影响交易房屋实质价值，但是可能会导致买受人产生一定的恐惧心理，进而对买受人的缔约基础及购买意愿产生重大的影响。因此，交易房屋是否系“凶宅”大部分人认为属于影响交易决策的重大事项，故出卖人负有如实告知义务，作为买受人，亦可主动要求出卖人披露。

问 如果出卖人故意隐瞒“凶宅”或是虚假告知，买受人应如何维权？出卖人需要承担什么样的法律后果？

答 房屋买卖中的买受人在买到“凶宅”后，若与出卖人无法协商解决，可根据具体情况考虑通过主张重大误解或受欺诈而请求撤销房屋买卖合同及赔偿损失。但如果买卖双方未在房屋买卖合同中约定何为“凶宅”的定义，以及故意隐瞒“凶宅”事实为欺诈行为且买受人有权解除合同的，该撤销权的使用存在不被人民法院支持的可能。

根据《民法典》第148条的规定，一方以欺诈手段，使对方在违背真实意思的情况下实施的民事法律行为，受欺诈方有权请求人民法院或者仲裁机构予以撤销。出卖人负有告知买受人交易房屋是否为“凶宅”的披露义务，若出卖人故意隐瞒或是虚假告知，使买受人陷于错误认识，并基于该错误认识与出卖人进行交易，构成欺诈，买受人可以主张撤销双方签订的房屋买卖合同。

另根据《民法典》第157条之规定，民事法律行为无效、被撤销或者确定不发生效力后，行为人因该行为取得的财产，应当予以返还；不能返还或者没有必要返还的，应当折价补偿。有过错的一方应当赔偿对方由此所受到的损失；各方都有过错的，应当各自承担相应的责任。因此，出卖人应返还购房款，买受人亦应返还房屋，并协助将案涉房屋产权变更登记回出卖人名下。同时，出卖人作为过错方应赔偿买受人因交易产生的税费、手续费、登记费等损失，并按照合同约定承担相应的违约责任。

典型案例分析

以案说法为纠纷处理提供具体的参考

案件名称：何某、黄某等案外人执行异议之诉纠纷案

案号：(2021)闽02民终3631号

审理法院：福建省厦门市中级人民法院

案例来源：中国裁判文书网

基本案情 2012年7月，黄某与朱某签订了《房屋预约买卖合同》，约定：朱某将位于漳州市龙文区的一店面出售给黄某，房产总价为208万元，朱某保证在开发商通知办理一手产权登记手续时立即办理产权登记手续。合同签订后黄某依约支付了全部购房款，朱某出具《房产转让收款收据》交由黄某收执，并办理了《公证书》，将案涉房产有关的权利全权公证给了黄某。

2019年5月，朱某欠了他人巨额债务，债权人何某将朱某诉至法院，并保全了朱某名下的财产(包括案涉房产)。在何某与朱某强制执行一案中，黄某依法提起案外人执行异议申请，法院经审查驳回了黄某的执行异议申请。黄某不服，又向法院提起案外人执行异议之诉，要求：终止执行案涉房产，解除对案涉房产的查封。

法院观点 依据《最高人民法院关于人民法院办理执行异议和复议案件若

干问题的规定》第28条的规定，"金钱债权执行中，买受人对登记在被执行人名下的不动产提出异议，符合下列情形且其权利能够排除执行的，人民法院应予支持：(一)在人民法院查封之前已签订合法有效的书面买卖合同；(二)在人民法院查封之前已合法占有该不动产；(三)已支付全部价款，或者已按照合同约定支付部分价款且将剩余价款按照人民法院的要求交付执行；(四)非因买受人自身原因未办理过户登记"，上述四项条件全部具备方依法可排除执行。

本案黄某既未提交其催促朱某办理过户登记的证据，又未在长达六年的时间内以法律途径要求朱某办理过户登记，系因其自身怠于行使权利，导致讼争房产仍登记在朱某名下，故黄某对讼争房产未办理过户登记存在过错。

裁判结果 判决驳回黄某的诉讼请求。

律师分析 购买二手房时应当及时办理房屋过户登记，为节省交易税费，对房屋的相关权利仅通过公证授权方式进行转移，是有很大风险的。

---

* 黄芬媬律师，福建旭丰律师事务所党总支副书记、高级合伙人、厦门仲裁委员会仲裁员、湖里区委政法委法律顾问、思明区涉案企业合规第三方监督评估机制专业人员、厦门市律协第八届刑事专业委员会委员、福建省律协合同法律专业委员会委员、厦门市优秀律师、福建省律师行业优秀党员律师。专注领域：

合同、公司股权、企业合规、刑民交叉、刑事辩护。

** 林铮铮律师，福建旭丰律师事务所第一党支部书记、第九届厦门市律师协会公益法律服务委员会委员、律所证券与资本市场部副主任，律所青年律师工作委员会副主任；第三届福建青年律师辩论大赛厦门代表队成员、第三届福建青年律师辩论大赛“亚军”及“最佳风采奖”、首届厦门市青年律师辩论赛“季军”及“最佳辩手”、第三届福建青年律师辩论大赛厦门选拔赛“最佳风采奖”；主要从事民商事领域的法律事务，包括合同、建设工程、房地产、侵权、劳动等在内的诉讼业务及公司设立、收购、债券发行、法律风险控制、企业破产清算等非诉法律业务。

017

业主共有资金怎么管、怎么用

FM99.6 厦门综合广播《新闻招手停》第 115 期

主持人:海蕾

主讲人:李苏律师*、黄璇律师

热点问题发现

探寻社会中关注度高的热点问题

1. 业主如何使用公维金?

2. 业主的公共收益如何分配?

3. 业主如何了解业主共有资金的收支情况?

常见问题解答

一问一答为常见法律问题提供指南

问 哪些属于业主的共有资金？

答 业主共有资金是物业服务区域内依法属于业主共同所有的资金。主要包括首期专项维修资金、日常专项维修资金和公共收益。

问 什么是公维金？

答 公维金分为大公维金和小公维金，其中“大公维金”，是指首期专项维修资金，商品住宅的业主、非住宅的业主按照所拥有物业的建筑面积，在办理房屋入住手续前存入住宅专项维修资金专户的，用于物业保修期满后物业共用部位、共用设施设备的维修和更新、改造的资金。大公维金的交存人是业主，实际操作中一般是由开发商代为预先交存到建设行政主管部门监管下的专项维修资金专户，待交房时再由开发商向业主收取。小公维金是指日常专项维修资金，主要是指物业管理区域内的业主按照所拥有的物业面积定期交存的用于保修期满后物业共用部位、共用设施设备的修理、更新、改造的资金。业主交纳物业费时一般会一并交纳小公维金。

问 小区里的大、小公维金由谁管理？

答 根据《福建省物业管理条例》第56条第2款的规定，业主大会成立前，专项维修资金（大、小公维金）由县级以上地方人民政府物业管理主管部门或者其委托的单位代管;业主大会成立后,专项维修资金的代管主体由业主大会决定。实践中一般由业主委员会管理或者由业主大会委托的物业服务人管理。

问 一般情况下如何申请使用业主大公维金?

答 一般情况下,大公维金由建设主管部门管理,如果业主需要使用大公维金,需要业主委员会、物业服务人向建设主管部门提交相应的材料进行申请。就厦门地区而言,业主委员会或物业服务人可向厦门市建设局提交相应的申请材料。如果小区尚未成立业主委员会且无物业服务人的,由物业服务区域所在地居民委员会代为申请。另外,申请的前提需要满足如下条件:(1)申请维修、更新和改造的物业共有部位、共有设施设备保修期已满或保修期未满但保修责任主体不存在且符合专项维修资金使用范围;(2)已由受益业主按照《民法典》第278条规定表决同意维修更新改造方案;(3)法律、法规和规章规定的其他条件。

问 紧急情况下如何申请使用公维金?

答 就厦门地区而言,紧急情况下申请使用公维金仍需满足"申请维修、更新和改造的物业共有部位、共有设施设备保修期已满或保修期未满但保修责任主体不存在且符合专项维修资金使用范围"这一前提条件,但是不需要经过业主表决同意,而需要提供公安、消防、人民防空、气象、特种设备、物业管理等主管部门的整改通知书或者村(居)民委员会出具的紧急维修必要性的确认证明、首期专项维修资金紧急使用申请表、维修更新改造方案等资料。

问 业主小公维金如何使用？

答 小公维金的使用步骤与大公维金的使用步骤在一般情况下及紧急情况下基本是一致的。一般情况下，公维金划转给业主大会管理前，均系物业公司或业主根据维修、更新和改造项目提出使用建议，业主表决通过使用建议后，物业公司或业主组织施工使用方案，并持有关材料向公维金的管理部门申请列支，管理部门向银行发出划转的通知，最后专户管理银行将所需的公维金划转至维修单位。小公维金划转给业主大会管理后，除上述步骤以外，向公维金管理部门申请列支后还需要增加一个步骤，即业主委员会依据使用方案审核同意，并报直辖市、市、县人民政府建设（房地产）主管部门备案。

问 哪些属于业主公共收益？

答 公共收益是指利用住宅小区业主专有部分以外的共有部分（含共用设施设备）开展生产、经营、租赁等活动所产生的收益。包括但不限于：(1)利用住宅小区的围墙、小区出入口或者大门、建筑物外立面、楼道、屋面、电梯、外墙、道闸等所得的经营收入；(2)利用公共场地、公共道路停放车辆收取的场地使用费；(3)利用公共场地摆摊、引进自助售卖机或快递柜等收取的进场费；(4)利用全体业主共有的会所、游泳池（馆）、健身室(馆)、架空层等公建配套用房或者场地进行租赁或者经营产生的收入;(5)公共收益利息收入;(6)处置经业主同意报废的共用设施设备回收残值产生的收入;(7)其他依法属于全体业主的收入。

问 业主公共收益由谁管理?

答 前期物业服务期间,小区里一般都是物业公司在管理,业主大会成立以后,由业主大会来决定管理主体,有的是业主委员会管理,有的小区是业主委员会委托物业公司进行经营管理。

问 公共收益的使用程序和使用范围?

答 公共收益的使用应当由专有部分面积占比 2/3 以上的业主且人数占比 2/3 以上的业主参与表决,并经参与表决专有部分面积过半数的业主且参与表决人数过半数的业主同意。

公共收益可以用于维修、更新和改造住宅小区共有部分,业主委员会工作经费等公共开支,抵扣业主的物业服务费用、水电公摊费用以及业主大会决定的其他事项支出。

问 物业公司利用业主的共有部分产生的收入如何分配?

答 根据《民法典》第 282、283 条的规定,建设单位、物业服务企业或者其他管理人等利用业主的共有部分产生的收入,在扣除合理成本之后,属于业主共有。建筑物及其附属设施的费用分摊、收益分配等事项,有约定的,按照约定;没有约定或者约定不明确的,按照业主专有部分面积所占比例确定。

问 物业公司不公示公共收益的使用情况，业主如何维权？

答 根据《最高人民法院关于审理建筑物区分所有权纠纷案件适用法律若干问题的解释》第13条的规定，业主有权请求公布、查阅共有部分的使用和收益情况。所以如物业公司或业主委员会未按照法律规定进行定期公示公共收益，业主可提起业主知情权诉讼维护自身合法权益。

典型案例分析

以案说法为纠纷处理提供具体的参考

案件名称：章某等与上海A物业公司、B物业公司、某业委会等业主知情权纠纷案

案号：(2023)沪0104民初3781号

审理法院：上海市徐汇区人民法院

案例来源：中国裁判文书网

基本案情 原告系某小区的业主，被告A物业公司系小区现任物业管理单位，B物业公司系小区前物业管理单位，管理期限自2005年下半年起至2022年6月。某业委会自2016年1月至2021年12月对小区商品住宅维修资金和公共收益资金负责具体使用和收支管理。该届业委会

在履职期间，迟迟不向业主公布历年来小区业主专项维修资金及公共收益使用情况，故原告作为小区业主起诉要求三被告立即提供自2013年1月1日起至2022年7月31日止某小区业主专项维修资金使用中所有涉及施工修建项目名下账目的发票原件、费用清单和小区共有部分的收益与支出相关资料(包括停车费收支、广告租赁合同原件及收支情况)供业主查阅核对。

法院观点 原告作为小区的业主，依法对共有部分的使用和收益状况、建筑物及其附属设施的维修资金筹集、使用情况享有知情权，被告应向其公布、公开相关情况和资料。庭审中，B物业及业委会亦明确表示愿意提供业主查阅相关资料，本院依法予以准许。但本院亦必须指出，因小区业主众多，在行使其合法权益时亦应采取合理的方式，遵守B物业及业委会的相关工作流程，提前申请以便B物业公司及某业委会准备相关材料供其查阅。因A物业公司自2022年8月1日才入驻小区，相关材料无法提供，故就原告要求A物业公司提供上述材料的诉请，因缺乏事实依据，本院难以支持。

裁判结果 (1)B物业公司、某业委会于本判决生效之日起30日内向原告公布小区自2013年1月1日起至2022年7月31日止业主专项维修资金使用中所有涉及施工修建项目名下账目的发票原件、费用清单和小区物业共有部分历年来的收益与支出相关资料，包括停车费收支、广告租赁合同原件及收支情况;(2)驳回原告的其他诉讼请求。

律师分析 《最高人民法院关于审理建筑物区分所有权纠纷案件适用法律若干问题的解释》第13条明确规定了业主享有的知情权。业主知情权依法受保护,但对业主知情权的行使应加以合理限制,以防止权利滥用,业主在行使知情权时需注意:(1)知情的内容应限于涉及业主合法权益的信息以及法定的列举范围;(2)权利的行使应遵循经济、简便的原则;(3)在业主知情权的行使过程中,可与业委会进行沟通协商,司法实践中一般会尊重业委会和业主间的协商结果,充分尊重当事人间的意思自治;(4)业主知情权的行使还应尽到合理的个人信息保护义务,权利的行使不得损害他人的合法权益;(5)知情权的行使主体可单独行使,不必通过业主大会集体行使。

---

* 李苏律师,硕士;福建旭丰律师事务所第三党支部纪律委员、行政专业委副主任。

018

聊聊“老旧小区增设电梯、电梯更新引发纠纷相关法律问题”

FM99.6 厦门综合广播《新闻招手停》第 100 期

主持人：海蕾

主讲人：沈玉洪律师*、庄幼留律师**

热点问题发现

探寻社会中关注度高的热点问题

1. 什么情况下老旧小区可以增设或更新电梯？
2. 增设或更新电梯的流程有哪些？
3. 增设或更新电梯费用所需资金如何筹集和分摊？
4. 电梯更新改造对低楼层业主的通风、采光受到影响的，可否获得补偿？

常见问题解答

一问一答为常见法律问题提供指南

问 什么情况下老旧小区可以增设电梯?

答 住宅小区的电梯作为房产配套设施,是特种设备,受《特种设备安全法》调整。对老旧小区既有住宅增设电梯,以厦门地区来讲,首先要符合《福建省电梯安全管理条例》第16条规定,即满足城市规划、建筑结构安全、消防安全及安全疏散等要求。其次,2018年厦门出台的《关于调整厦门市城市既有住宅增设电梯指导意见》(以下简称《2018电梯指导意见》)明确了厦门地区的老旧小区住宅可申请增设电梯的适用范围主要有:(1)在厦门市建成区内具有合法权属证明的四层及四层以上无电梯的既有住宅,且增设电梯须在房屋产权建设用地红线范围内。(2)房改房、经济适用房(统建房)、拆迁安置房和商品住宅等按房屋建筑占地方式进行土地分割登记的,可以该项目用地批准红线进行综合考虑。

问 既有住宅老旧小区增设电梯由谁申请?小区增设电梯是否需要小区全体业主一致同意?

答 对符合《2018电梯指导意见》规定的申请条件的住宅小区,增设电梯申请主体一般按小区某梯或某(幢)为单位作为实施主体进行申请。

增设电梯的实施主体是该梯同意增设电梯的所有业主,因此小区增设加装电梯以梯或幢为单位申请和表决即可,是不需要小区全体业主一致同意才能申请。

问 增设电梯需要遵循什么原则？表决程序需要达到什么条件才能满足申请增设电梯的条件？

答 根据《民法典》第278条、《2018电梯指导意见》与2021年3月15日施行的《〈关于调整厦门市城市既有住宅增设电梯指导意见（2018修订版）〉有关条文的通知》的规定，增设电梯须遵循“业主自愿、公开透明、充分协商”的原则，经该梯号（幢）房屋专有部分（是指本梯垂直投影涉及的独立产权建筑，包括车位、商业等）面积占比2/3以上的业主且人数占比2/3以上的业主参与表决，并经参与表决专有部分面积3/4以上的业主且参与表决人数3/4以上的业主同意。即表决程序达到上述条件时才能满足申请增设电梯条件。

问 对申请增设电梯的本梯号或本幢实施主体的专有部分面积，有产权的按产权面积，没产权的，没办理过户的怎么计算专有面积？

答 本梯号或本幢专有面积的计算方式，按照《最高人民法院关于审理建筑物区分所有权纠纷案件适用法律若干问题的解释》第8条规定来确定，即专有部分面积，有产权的可以按照不动产登记簿记载的面积计算；尚未进行物权登记的，没有产权过户的，可暂按测绘机构的实测面积计算；如尚未进行实测的，可暂按房屋买卖合同记载的面积计算。

问 哪些情形下,老旧小区无法增设电梯?

答 根据《2018 电梯指导意见》的规定,有两种情形之一的既有住宅不得申请增设电梯:一是增设电梯前,周边建筑物已有日照时间满足厦门市现行日照标准,增设电梯后,其日照时间无法满足厦门市现行日照标准的。二是增设电梯前,周边建筑物已有日照时间在厦门市现行日照标准之下,增设电梯后,对其日照造成恶化影响的。

问 增设电梯业主需要履行的具体流程和手续有哪些?

答 关于增设电梯具体流程和手续主要有以下六步:第一步,实施主体要编制增设电梯初步方案;第二步,公示增设电梯有关事项,征求利害关系人意见;第三步,分类处理利害关系人意见,达到申请条件的,继续申请办理规划审查,达不到申请条件的,停止增设;第四步,进行施工图设计、审查;第五步,办理质量监督申报和施工许可手续;第六步,移交建设工程档案,办理竣工验收手续。

问 高层小区,在什么情况下旧电梯可更新改造?

答 旧电梯更新改造,《福建省电梯安全管理条例》第 36 条已经作出明确规定,一是电梯使用年限达到十五年的;二是受水灾、火灾、地震等灾害影响的;三是故障频率高,影响电梯正常使用的。达到这三种情形之一的,经特种设备检验机构进行安全性能技术评估,所作出的评估报告认为电梯已达到报废程度需要进行更新的,可更新。在 2020 年 3 月 1

日施行的《厦门经济特区电梯安全管理条例》第22条在上述情形外还补充规定了第四种情形，即对电梯使用年限超过十五年、超过设计运行次数影响正常使用情形，经特种设备检验、检测机构评估，需进行更新、改造的，可申请更新。

问 既有住宅增设电梯所需的资金如何筹集？

答 在《2018电梯指导意见》中对既有住宅增设电梯所需的资金，可以通过下列方式筹集：(1)由业主根据所在楼层等因素协商，按一定分摊比例共同出资；(2)业主可按照有关规定提取住房公积金；(3)业主可按照有关规定申请使用专项维修资金；(4)已售公房业主可按照有关规定提取房屋维修金；(5)其他符合规定的资金。同意增设电梯的业主应当就各自出资额、维护、养护分摊等事项达成书面协议。业主自行协商出资比例。增设电梯所筹集的资金及使用情况应当在小区显著位置公布，接受监督。公布的位置应包括公示栏、一楼防盗门上(外侧)、小区出入口等。

问 电梯更新、改造、修理等费用所需资金如何筹集和分摊？

答 根据《福建省电梯安全管理条例》第22条的规定，住宅小区电梯更新、改造、修理等所需资金可以按照下列规定筹集和支付：(1)已建立住宅专项维修资金的，按照规定程序在住宅专项维修资金中列支；(2)未建立住宅专项维修资金或者住宅专项维修资金余额不足的，由电梯所有权人承担；电梯属于所有权人共有的，由共有人依照法律、法规以及国家和省的有关规定分摊相关费用，电梯共有人另有约定的从其约定；(3)对电梯费用筹集方案达不成一致意见的，由所在地乡（镇）人民政府、街道办事处组织电梯使用管理单位、所有权人代表协调解决。

问 电梯更新改造对低楼层业主的通风、采光受到影响的，可否获得补偿？

答 可以的，在《2018电梯指导意见》第8条利益补偿规定中，特别规定了增设电梯应给予利益受损业主适当补偿，补偿金额从筹集资金中支出，由业主之间自行协商。补偿标准原则上，第一层每户补偿金额不宜超过增设电梯总工程费用除以本梯总户数的数值，第二层每户补偿金额为第一层补偿金额的一半。

典型案例分析

以案说法为纠纷处理提供具体的参考

案件名称：杨某、陈某等相邻关系纠纷案

案号：(2019)闽0203民初9222号

审理法院：厦门市思明区人民法院

案例来源：中国裁判文书网

基本案情 厦门某老旧小区单元楼于2015年开始筹备加装电梯,2017年建成并投入使用。增设电梯筹建过程中,住在顶层的业主杨某选择了弃权,2019年她向邻居们提出,希望以筹建时的原价取得电梯使用权。出资的业主经过协商,认为这是当年的价格,而且在电梯建设过程中大家都付出了很多精力,如今杨某以原价"加盟"不能接受。协商未果,杨某两次擅自使用防盗网封堵一楼的电梯口,阻止其他业主通行,业主们因此报警。杨某起诉至法院,要求支付当时的价格并获得电梯使用权。

法院观点 电梯属建筑物的共有部分,增设电梯系本楼业主共有,同楼业主均享有使用权,根据《民法典》第271条的规定,业主对建筑物专有部分以外的共有部分享有共有和共同管理的权利,小区在建筑区划内增设电梯,该电梯应属该楼业主共有。即使是反对增设电梯业主,对该电梯享有共有和共同管理的权利。杨某请求通过支付对价的方式获得电梯使用权于法有据。同时,允许杨某加盟使用电梯,也有利于实现电梯使用价值的最大化,改善邻里关系。但杨某先是在电梯筹建时主动放弃出资,后又在电梯建成两年后提出使用电梯,并在协调使用电梯未果的情况下采取极端手段,严重影响该其他业主出行,其行为具有明显恶意,应予谴责。

裁判结果 判决杨某应向其他业主支付电梯使用费174761.9元;业主们在

收到费用当日应配合杨某办理电梯的使用手续。

律师分析　这个案件是“反对电梯增设或更新的业主”因后悔主动提出补缴费用以获得电梯使用权，实务中也有业主既反对也没有出资，还想争取使用权，根据《民法典》第 273 条第 1 款的规定，业主对建筑物专有部分以外的共有部分，享有权利，承担义务；不得以放弃权利为由不履行相应义务。即使反对电梯增设或更新的业主，一旦业主大会或业委会按法律规定达成更换电梯决议并完成更换的，反对业主无论有无使用，仍然是要支付增设或更新电梯的费用的。实务中法院往往依据公平原则，判决反对电梯增设或更新的业主必须和其他业主共同承担新电梯的各项费用后，才能享有电梯的使用权。

---

*　沈玉洪律师，福建旭丰律师事务所民事部副主任；厦门律协第九届刑事诉讼专业委员会委员；厦门律协第九届理事会公益法律服务工作委员会委员；厦门市优秀公益律师；2021 年至 2023 年被评为旭丰所履行社会责任先进律师、旭丰所优秀律师。专注领域：刑事辩护、商品房买卖合同纠纷、公司类合同纠纷、婚姻家事类纠纷与侵权纠纷解决、劳动争议、企事业单位法律风险防控与非诉法律服务。

**　庄幼留律师，福建旭丰律师事务所第四党支部书记、旭丰所婚姻家庭与财富传承业务部副主任，厦门市中级人民法院调解员、厦门市地方金融纠纷调解中心调解员、厦门市思明区人民法院调解员、认可专业商业调解员、婚姻家庭咨询师。

019

老百姓关心的“城市更新改造”法律问题

FM99.6 厦门综合广播《新闻招手停》第 110 期

主持人：海蕾

主讲人：柳冰玲律师*、郭亦非律师**

热点问题发现

探寻社会中关注度高的热点问题

1. 什么是“城市更新改造”？
2. 老旧小区改造的常见法律问题。
3. 拆除重建的常见法律问题。

常见问题解答

一问一答为常见法律问题提供指南

问 什么是“城市更新改造”？

答 城市更新是指针对城市中的衰落、不符合社会发展要求及居民生活需求的特定区域，进行改造、拆迁或重建，使之重获活力与繁荣的一系列行动。从类型上可以分为两类，第一类为“微改造”，即针对老旧失养、失管、失修的小区，在保持基本建设面貌不变的情况下，通过完善、更新、提升配套设施设备等进行的综合整治类更新；第二类为“全面改造”，即在现有法律框架下，为了提高土地利用效率和推进城市成片危旧改造，对老旧小区进行整体拆除，从而根据新的规划建设条件进行重建的项目。

问 老旧小区改造时，在小区内应履行怎样的程序？如何避免邻内纠纷？

答 根据我国《民法典》第278条的规定，老旧小区改造会涉及“筹集建筑物及其附属设施的维修资金”、“改建、重建建筑物及其附属设施”及“改变共有部分的用途或者利用共有部分从事经营活动”事宜，因此，依法应当经参与表决专有部分面积3/4以上的业主且参与表决人数3/4以上的业主同意。为了避免产生纠纷，建议在开工之前与邻居进行商议、尽量达成各方争议最小的方案。

问 安装电梯和电梯运行保养的费用如何支付？低楼层和高楼层的住户是否要承担一样的电梯费用？

答 就电梯安装费而言，根据我国《民法典》规定，可通过业主大会方式决定费用分摊比例，如果业主大会无法商议出结果，也可通过诉讼的方式进行解决。根据我国《民法典》第6条的规定，民事主体从事民事活动，应当遵循公平原则，合理确定各方的权利和义务。因此，司法实践中，法院会考虑住户不同的使用需求、频率按适当比例计算。

就电梯运行、维护费用而言，根据《民法典》第283条的规定，建筑物及其附属设施的费用分摊、收益分配等事项，有约定的，按照约定；没有约定或者约定不明确的，按照业主专有部分面积所占比例确定。根据《物业管理条例》第53条的规定，专项维修资金属于业主所有，专项用于物业保修期满后物业共用部位、共用设施设备的维修和更新、改造，不得挪作他用。因此，电梯维修费用可以使用专项维修资金支付。总之，如果发生了加装电梯的纠纷，一是建议在公平的基础上尽量协商，取得低层住户理解和支持；二是无法通过协商解决的，建议咨询专业律师的意见，通过律师调解或者诉讼方式解决。

问 工业区被盘活成文创区、旅游景点，是否涉及相关法律问题？

答 闲置工业厂房改造成文创区或旅游景点，有两种主要方式：一种是自己改造，另一种是政府主导改造。但无论是哪种类型的改造，都需要关注是否改变了土地的性质。如果需要改变土地性质，应结合取得用地的文件、协议、产权证等判断如何变更土地性质。如果不需要变更土地性质，则直接在土地原本的权属、性质上进行改造。例如，在厦门沙坡尾旧城改造计划中，政府明确坚持“土地产权基本不动，空间肌理基本不改，本地居民不迁，人文生态基本不变”的原则，鼓励年轻人、艺术家自发进行“小规模、渐进式”微更新，从而避免或大或小的法律纠纷。

问 征收有哪些具体的法律依据？

答 对于国有土地上的征收，法律依据主要为《城市房地产管理法》《国有土地上房屋征收与补偿条例》，国有土地上的法定征收是由政府主导并组织实施的行为，具有一定的行政强制性，属于行政行为，通常可以通过行政复议或行政诉讼维护自身权益。对于集体土地上的征收，根据最新修订的《土地管理法》《土地管理法实施条例》，基本上参照了国有土地上征收的相关流程、要求和逻辑，但在一定程度上体现了“协议”和“商量”的色彩。

问 没有办理产权证的房屋是否能得到征收补偿？

答 一些建筑建成于20世纪70年代或者更早时期，当时产权办理手续与现在大有不同。对于这类历史存留的房屋，根据法不溯及既往原则，应结合建成时的法律规定来确定建筑是否合法。对于农村中的房屋或者城市中的农建房，如房屋无法认定为违章建筑，即使没有产权证书，也可以获得适当的征收补偿。对于违章建筑，因为不符合城市规划的要求，不能通过政府审批拿到房产证，一般无法拿到拆迁补偿款，但可以得到拆迁补助费用。

问 对征收补偿的分配有争议，要如何处理？

答 征收程序未履行完毕前，对于产权存在争议的房屋，有争议的一方当事人可以向房屋登记机关提出异议登记、向法院提起诉讼请求法院确认房产的权属。如果房屋征收已经履行完毕，被征收人已经获得了征收安置补偿，有争议的一方当事人可以向法院起诉要求对补偿款进行分配等。

典型案例分析

以案说法为纠纷处理提供具体的参考

案件名称：马某某、朱某某等相邻关系纠纷案

案号：（2021）川1421民初3383号

审理法院：四川省仁寿县人民法院

案例来源：中国裁判文书网

基本案情 原告马某某等6人与被告朱某某等2人均系仁寿县某路某街某小区某栋某单元的业主，该单元共计12户。2020年10月，某小区某栋某单元就增设电梯事宜取得了12户业主的同意，并在《同意增设电梯业主名单》上签字，其中被告朱某某在签字栏内签字并按手印。增设电梯事宜经鉴定公司勘测确认，该建筑主体结构具备加装电梯要求，加

装电梯后对房屋主体结构不会有安全隐患产生。当地居委会对增设电梯事宜予以公示，并确认公示期间无异议，增设电梯亦通过当地自然资源和规划局的审批。2021年4月21日，上午9时左右挖掘机在工作时，被告朱某某等2人将自家汽车开进施工地点进行阻挠，电梯加装施工被迫停工，经社区、住建局、街道办多次调解未果，被告朱某某等2人持续妨碍电梯施工，原告于是诉至法院。

法院观点 本案中，为老旧小区外墙增设电梯，系政府为满足我国人口老龄化需求、提高群众生活品质而推行的一项惠民工程。某小区系老旧住宅，案涉楼栋增设电梯已获得该楼栋所有业主的同意，相关事项亦通过仁寿县某街道某社区居民委员会在小区予以了公示，被告并未在公示异议期内提出异议，随后该项目也报经仁寿县自然资源和规划局审批通过。案涉楼栋增设电梯符合《民法典》第278条的规定，程序合法，被告应当本着方便生活、团结互助的原则给予原告安装电梯的便利并接受一定的限制。另外，被告虽对设计施工图存在异议，认为现有的电梯安装位置会对其房屋的采光、通风等造成一定的影响，但被告抗辩的损失均尚未发生，且原告亦提供了《施工图设计文件审查报告》及设计公司的《情况说明》来证实现有设计施工方案的合理性。综上，案涉楼栋加装电梯进行施工的行为程序合法，符合法律规定，被告应予以配合，对原告要求被告停止阻挠案涉小区电梯安装施工的诉讼请求，本院予以支持。

裁判结果 (1)被告于本判决生效之日起停止对仁寿县某路某街某号某小区某栋某单元电梯安装施工的阻挠和妨碍;(2)驳回原告的其他诉讼请求。

律师分析 相邻关系是两个以上互相毗邻的不动产所有人或占有使用人在行使不动产的占有、使用、收益和处分时,相互之间应当给予便利或接受限制而引发的权利义务关系。根据《民法典》第288条的规定,不动产的相邻权利人应当按照有利生产、方便生活、团结互助、公平合理的原则,正确处理相邻关系。

本案中,增设电梯事宜经整栋业主表决,并由鉴定机构出具专业的鉴定意见,确认案涉建筑符合加装电梯的要求。同时,增设电梯事宜也经过了一系列合法公示、审批流程,包括居委会公示及确认、自然资源和规划局审批等,程序符合法律规定。此外,被告对于增设电梯事宜本身也作出过同意表决,根据诚实信用原则,不应阻挠对电梯的施工,至于在施工过程中产生的具体问题,各方应本着友好协商的态度,妥善解决纠纷。

小区增设电梯可以解决高层业主尤其是老年人的出行问题,但在增设过程中,必然会给低层业主的居住环境带来一定限制,基于相邻关系,低楼层业主负有适度的容忍义务,应给予增设电梯必要的便利。如果在增设电梯时,低层业主遇到通行、通风、采光、噪声等问题,并且能够证明自身的合法权利受到侵害，可向其他相邻权人主张赔偿。

---

*　柳冰玲律师，福建省优秀党员律师，厦门市优秀青年律师，入选福建省涉外律师人才库，入选福建省青年律师领军人才库，福建省法学会“一带一路”法治研究会理事，福建省律师协会政府法律顾问专委会委员，厦门市律师协会政府法律顾问专委会副主任，厦门大学法学院兼职讲师。

**　郭亦非律师，福州大学法律硕士，高级企业合规师，厦门市法律援助中心援助律师，思明区法律援助中心援助律师，首届厦门市青年律师辩论赛季军、最佳风采奖。

Part Four

第四编 劳动、劳务

4

020

民法典时代之劳动关系与劳务关系，一字之差，有何区别

FM99.6 厦门综合广播《新闻招手停》第 104 期

主持人：海蕾

主讲人：周慧律师*、陈晓玲律师**

热点问题发现

探寻社会中关注度高的热点问题

1. 劳动关系与劳务关系之主体资格及地位的区别。
2. 权利义务及责任承担的区别。
3. 适用法律、纠纷解决途径及保护时效的区别。
4. 国家干预的区别。

常见问题解答

一问一答为常见法律问题提供指南

问 什么是劳动关系？

答 劳动关系是指劳动者与用人单位依法签订劳动合同，接受用人单位的管理，成为用人单位的一员，从事用人单位安排的工作，并因此获得用人单位劳动报酬的法律关系。

问 什么是劳务关系？

答 劳务关系是指平等民事主体之间，根据口头或书面约定，由一方向另一方提供一次性或者特定的劳动服务，接受劳务一方依约支付劳务报酬而形成的一种有偿服务的法律关系。

问 建立劳动关系与劳务关系双方主体有什么区别？

答 首先是主体性质。劳动关系的主体具有特定性，即一方是用人单位，另一方是劳动者。用人单位包括企业、个体经济组织、民办非企业单位、国家机关、事业单位、社会团体，劳动者则是达到法定年龄，具有劳动权利和劳动行为能力的自然人。而劳务关系的主体则不具有特定性，可以是两个平等主体，也可以是两个以上的平等主体；可以是法人之间，也可以是自然人之间，还可以是法人和自然人之间。同时，对于劳务提供者的主体资格，法律法规并没有严格、明确的要求。其次是劳动地位。在劳动关系中，用人单位与劳动者双方的地位是不平等的。劳动者在提供劳动之外，还要接受用人单位的管理，遵守用人单位的规章制度，从事用人单位分配的工作，服从领导和安排。而在劳务关系中，主体双方是平等的民事权利义务关系。提供劳务一方提供服务，接受劳务一方则支付劳务报酬，双方虽然也存在一定的管理关系，但是这种关系主要侧重于提供劳务时的安排。相较于劳动关系，主体双方的关系呈现“临时性、短期性、一次性”等特点。

问 如何理解劳动关系中的“行政隶属性”？

答 对于劳动者从事何种劳动、运用何种手段劳动，以及具体的工作内容、时间、地点等事项，用人单位均有较高程度的决定权，而给予劳动者自主决定的空间比较少，且劳动者除了完成本职工作外，还需遵守用人单位的规章制度，履行保守商业秘密等义务。

问 劳动关系和劳务关系中的权利义务有什么不同？

答 两种关系中权利义务的区别主要有以下区别：

1. 报酬及社会保障待遇。劳动关系中，用人单位除了向劳动者支付劳动报酬外，还需为劳动者办理社会保险、提供福利等，如果劳动者在从事职业活动或者与职业活动有关的活动时遭受了不良因素或职业病伤害的，则由用人单位承担相应的劳动风险。而在劳务关系中，接受劳务方一般只需向劳动者支付劳务报酬，不需提供保险、福利等待遇。提供劳务一方因劳务受到损害的，根据双方各自的过错承担相应的责任。

2. 报酬支付的原则。在劳动关系中，由于双方处于不平等的地位，用人单位受国家干预较多，报酬的支付必须遵守当地有关最低工资标准的规定，并遵循按劳分配、同工同酬的原则。在劳务关系中，双方地位平等，报酬支付的相关事项在不违背民法中平等、公平、等价有偿、诚实信用等原则的前提下，由双方自愿约定。

3. 报酬支付形式。一般来说，在劳动关系中，劳动报酬的支付有一定的规律性，用人单位多以工资的形式定期向劳动者支付劳动报酬。而在劳务关系中，则由双方约定报酬支付的形式，往往一次性即时清结或分批次支付。

4. 用人单位对劳动者违章违纪的处理权。在劳动关系中，按照法律规定、合同约定、用人单位的内部规章制度，用人单位对违章违纪的员工有权解除劳动合同，或者对该员工给予警告、记过、记大过、降级、撤职、留用察看、开除等处分。而在劳务关系中，因双方地位平等，对于不符合约定的劳务提供者，雇主无法对其进行纪律处分。但有权依据实际情况要求其承担相应的经济责任，或选择不再雇佣。

问 在劳动关系和劳务关系中，关于法律责任的承担有什么不同？

答 在劳动关系中，用人单位是对外承担责任的主体，劳动者以用人单位的名义进行工作，因劳动者的过错导致的法律责任由用人单位承担。而在劳务关系中，接受劳务一方承担侵权责任后，可以向有故意或者重大过失的提供劳务一方追偿。提供劳务一方因劳务受到损害的，根据双方各自的过错承担相应的责任。另外，在劳动关系中，若不履行或者非法履行劳动合同的，当事人既可能面临经济补偿金、赔偿金等民事责任，也可能需要承担行政责任，如劳动行政部门给予用人单位罚款等行政处罚。而在劳务关系纠纷中，当事人之间违反劳务合同约定的，可能产生的责任一般指民事责任，包括违约或侵权等民事责任，但无须承担行政责任。

问 劳动关系和劳务关系两种法律纠纷在具体适用法律和纠纷解决途径上有什么不同？

答 解决劳动纠纷适用的法律包括《劳动法》《劳动合同法》《劳动争议调解仲裁法》《民事诉讼法》及其相关司法解释，《劳动法》及其相关法律没有规定的，可以适用《民法典》。在争议解决的途径上，劳动纠纷适用劳动仲裁前置程序，争议一方应该先到劳动仲裁委员会申请劳动仲裁，除一裁终局的情形外，对仲裁裁决不服时，才可以向人民法院提起诉讼。而劳务关系纠纷适用的法律是《民法典》，包括《民法典》总则编和合同编的相关规定。在争议解决的途径上，无须经过劳动仲裁前置程序，可以直接向人民法院提起诉讼。

问 如何确认签订的合同是劳动关系还是劳务关系？

答 建立劳动关系，应当订立书面劳动合同。而劳务关系对于订立合同虽然没有强制性规定，但现实生活中很多主体双方也会通过签订《劳务合同》来确定关系。但判定双方建立的究竟是劳动关系还是劳务关系，不要局限于协议的表面字眼，应该分析构成关系的实质要件。它包含：(1)双方具备建立劳动关系的主体资格。(2)双方的关系具备管理与被管理的行政隶属性。(3)劳动者提供的劳动内容是用人单位的业务组成部分。(4)双方的关系具有长期性、持续性、稳定性等特征。

问 在运用法律途径解决这两种纠纷时，相关保护时效的规定有什么区别？

答 对劳动关系的保护时效，即劳动争议申请仲裁的时效期间为 1 年。而劳务关系作为一般民事法律关系，其保护时效为 3 年。

问 国家对劳动关系与对劳务关系的干预有什么区别？

答 国家对于劳动关系的干预明显高于劳务关系。对于劳动关系，国家通过《劳动合同法》予以保护，以强制性法律规范规定了用人单位的各项强制性义务，如为劳动者缴纳各类保险金、支付报酬时的最低工资标准、加班时的加班工资和节假日的加倍工资、最高工时的限制、保障劳动者的劳动安全与卫生等。

而劳务关系作为一种民事关系，受国家干预程度低，仅以私法自治为原则，以双方约定为基础，尊重当事人的真实意思表示。因此，除违反国家法律、法规等强制性规定外，当事人可以基于合同自由原则对合同条款充分协商，法律不予干预。

典型案例分析

以案说法为纠纷处理提供具体的参考

案件名称：雷某某与福建某化妆品有限公司劳动争议案

案号：(2017)闽0102民初7408号

审理法院：福州市鼓楼区人民法院

案例来源：中国裁判文书网

基本案情 2004年2月16日，雷某某与福建某化妆品有限公司（以下简称福建某化妆品公司）签订《劳务协议》，雷某某受聘为福建某化妆品公司驻福州某医药连锁有限公司某中药店的专柜营业员而与福建某化妆品公司建立劳动关系，协议约定劳动待遇为“基本工资+业务提成”。此后，雷某某一直从事福建某化妆品公司驻该药店的专柜营业员至2017年4月14日，工资均由福建某化妆品公司支付。其间，双方分别于2008年5月31日和2016年11月10日签订过两次劳动合同，期限均为一年。因福建某化妆品公司从未为雷某某缴纳医保、社保，雷某某被迫自2007年起挂靠其他公司缴交，2010年起按政策规定转为灵活就业人员形式参加社会保险。2017年4月6日雷某某向福建某化妆品公司邮寄《解除劳动合同通知书》要求解除劳动合同，福建某化妆品公司收到后回复

《沟通函》同意解除合同并于2017年4月14日与雷某某办理工作移交后合同解除。雷某某请求判令：(1)福建某化妆品公司支付解除合同经济补偿25134元；(2)请求判令福建某化妆品公司支付未签订无固定期限劳务合同的双倍工资差额70608.97元；(3)请求判令福建某化妆品公司赔偿失业保险待遇损失24300元；(4)请求判令福建某化妆品公司赔偿基本养老保险费损失18396元；(5)请求判令福建某化妆品公司赔偿医疗保险费损失15987.42元；(6)本案诉讼费用由福建某化妆品公司承担。

法院观点 本案争议焦点在于福建某化妆品公司与雷某某是劳务合同关系还是劳动关系。确认福建某化妆品公司与雷某某之间系劳动关系还是劳务关系，不能仅以双方约定的劳务等字眼作为认定依据，而应根据双方实际履行情况及具体约定判断。本案双方均具有成立劳动关系的主体资格，双方签订的《劳务协议》约定雷某某应服从福建某化妆品公司的领导和管理，受福建某化妆品公司规章制度和员工考核管理办法的约束，从事福建某化妆品公司安排的有报酬的劳动，且其提供的出售福建某化妆品公司相关产品的劳动系该公司的业务组成部分。因此，雷某某与福建某化妆品公司之间虽签订的是《劳务协议》，但实质建立的是劳动关系。

裁判结果 (1)福建某化妆品公司于本判决生效之日起10日内支付雷某

某经济补偿25134.18元;(2)福建某化妆品公司于本判决生效之日起10日内支付雷某某养老保险费用14652元;(3)福建某化妆品公司于本判决生效之日起10日内支付雷某某医疗保险费用15987.42元;(4)福建某化妆品公司应于本判决生效之日起10日内支付雷某某未签订书面劳动合同的双倍工资差额4941.55元;(5)驳回雷某某的其他一审诉讼请求;(6)驳回福建某化妆品公司的上诉请求。

律师分析 首先,案涉的《协议书》以及两份《劳务协议》,虽然名称为劳务协议,但其中的条款明确载明"劳动组织纪律""劳动待遇""劳动报酬"等,亦有考核奖励等管理措施,更有劳动法所特有的"法定休假日的加班费"的相关约定,能够证明双方的关系具备劳动法律关系的特征。其次,劳务关系的双方不存在隶属关系,没有管理与被管理、支配与被支配的权利和义务,并不受用人单位内部各项规章制度的约束。而劳动关系中的双方具有隶属关系,劳动者须接受用人单位的管理,遵守用人单位的规章制度,用人单位可以对劳动者进行考核等。从双方的协议约定可知,福建某化妆品公司与雷某某之间存在隶属关系,存在管理与被管理的关系,从而证明双方存在的是劳动关系而非劳务关系。再次,劳务关系中提供劳务的内容一般非用人单位业务的组成部分,劳动过程主要靠提供劳务一方独立完成。而劳动关系中劳动者提供的劳动是用人单位业务的组成部分,且往往需要其他人协调配合完成。本案雷某某从事的是促销员的工作，雷某某进行促销的商品系福建某化妆品公司生产的化妆品等，需要福建某化妆品公司提供相应的商品才能进行销售，其工作属于福建某化妆品公司生产、销售中密不可分的一部分。因此，从工作内容上，雷某某的工作更符合劳动关系的特点。最后，劳务关系一般只需双方达成合意即可成立，体现的是一种即时结清的关系，具有临时性的特征，而劳动关系的确立还需要经过较为正式的招聘程序，具有长期性、持续性和稳定性的特征。本案雷某某自招聘后就长期在福建某化妆品公司驻某中药店任福建某化妆品公司的促销员，时间长达 13 年，而且双方签订有协议并按月支付报酬。因此，本案并不符合劳务关系即时结清和临时性的特征，但符合劳动关系长期性和持续性的特征。

---

* 周慧律师，北京师范大学硕士。主要执业领域：合同纠纷、公司法、劳动争议、金融等。

** 陈晓玲律师，主要执业领域：民商事、婚姻家事、合同纠纷、劳动争议纠纷、侵权纠纷、借贷纠纷、公司纠纷等。

021

三期女职工的权益保障

FM99.6 厦门综合广播《新闻招手停》第 107 期

主持人:海蕾

主讲人:蓝丽英律师*、张丽丽律师**

热点问题发现

探寻社会中关注度高的热点问题

1. 三期女职工的具体定义是什么?

2. 三期女职工在劳动合同履行、工资待遇、岗位、假期等方面的特殊规定有哪些?

3. 用人单位违反相关规定侵害到女职工的合法权益时,应当承担什么责任?

常见问题解答

一问一答为常见法律问题提供指南

问 三期是指哪三期？

答 女职工“三期”包括孕期、产期、哺乳期。孕期是指：(1)从怀孕后一直到产前15天。(2)从怀孕后一直到分娩之日。产期是指：(1)从产前15天到产假期满(国家和各省级地区规定的产假和延长天数到期日)。(2)从分娩之日到产假期满(国家和各省级地区规定的产假和延长天数到期日)。哺乳期，是指产假期满到婴儿满1周岁之日。需要特别说明的是，因为产假是有弹性的，所以孕期和产期会有两个概念，主要是看产前休假15天包含在哪一期。

问 女职工在怀孕期间请假产检，单位是否需要支付工资？

答《女职工劳动保护特别规定》第6条第3款规定，怀孕女职工在劳动时间内进行产前检查，所需时间计入劳动时间。因此用人单位需要支付工资，还需要按照正常的标准支付工资。但需注意的是，女职工进行产前检查时要按照用人单位的考勤管理规定，履行必要的请假手续。

问 女职工休产假后享有多少天的产假，法律是怎么规定的？

答 根据2012年4月28日开始实施的《女职工劳动保护特别规定》第7条第1款的规定：女职工生育享受98天产假。这是早期的规定，具体产假天数各省的标准也不一样。国家实行三胎政策后，各省(自治区、直辖市）纷纷修改本地区的人口与计划生育条例，大部分地区都延长了产假天数。2020 年 5 月 1 日施行的《福建省企业女职工劳动保护条例》第 13 条规定，符合《福建省人口与计划生育条例》规定生育子女的，女职工产假为一百五十八天至一百八十天，具体天数由用人单位规定，男方照顾假为十五天。

问 女职工产假期间的工资是怎么发放的？

答 产假期间的工资分两种情况：第一种情况，女职工在生产前有正常缴纳生育保险（一般是要求连续缴满 12 个月），在符合领取生育津贴的情况下，其产假期间的工资由生育保险基金以生育津贴的形式支付；第二种情况，因用人单位的原因未参加生育保险的，则产假期间的工资按照女职工产假前工资的标准由用人单位承担。“生育津贴”实际上相当于产假期间的“工资”，两者原则上是不能重复领取的。

问 女职工提前结束产假回单位上班的，如何处理？

答 如果女职工产假期间应用人单位的要求提前结束产假，则用人单位行为构成违法，女职工可以予以拒绝。如果女职工被迫提前结束产假构成实际用工的，一方面用人单位需要在法定的生育津贴外额外向女职工支付报酬，另一方面用人单位可能面临劳动监察部门的处罚。如果确实是女职工自愿提前结束产假，回到工作岗位的，因女职工提供了相应的劳动，其有权要求单位支付相应的劳动报酬。

问 三期女职工在劳动合同解除或终止方面有哪些特殊规定？

答《劳动合同法》第42条规定，女职工在孕期、产期、哺乳期的，用人单位不得依照《劳动合同法》第40条即员工无过错的情况下辞退、第41条的规定即经济性裁员为由解除劳动合同。第45条规定，劳动合同期满，女职工在孕期、产期、哺乳期的，劳动合同应当延续至相应的情形消失时终止。这里的“相应情形消失时”是指产假结束且婴儿满1周岁时即哺乳期结束为止。

问 单位可以给三期女职工调整工作岗位吗？

答 三期女职工可调岗主要包括三种情形：第一种员工申请调整。《福建省女职工劳动保护条例》第9条规定，女职工在孕期不能适应原劳动岗位的，经本人申请并出具县级以上医疗机构的证明，用人单位应当予以减轻劳动量或者安排其他能够适应的岗位。第二种用人单位主动调整。三期女员工原来的工作岗位不适合三期女职工的，用人单位应予调整。如女职工在怀孕（哺乳）期间的，不得安排其从事国家规定的第三级体力劳动强度的劳动和孕期、哺乳期禁忌从事的劳动。第三种双方协商一致调岗。即便协商一致，也不能违反前述规定，将其调整到不适合三期女职工的岗位。

问 单位能否给三期女职工安排加班？

答《女职工劳动保护特别规定》第6条规定：“对怀孕7个月以上的女

职工,用人单位不得延长劳动时间或者安排夜班劳动,并应当在劳动时间内安排一定的休息时间。”第9条规定,“对哺乳未满1周岁婴儿的女职工,用人单位不得延长劳动时间或者安排夜班劳动”。《福建省女职工劳动保护条例》第10条规定:“女职工怀孕不满三个月、七个月以上以及在哺乳期内的,用人单位每天应当在工作时间内安排其一小时的休息或者哺乳时间,多胞胎生育的,每多哺乳一个婴儿每天增加一小时哺乳时间,并不得安排其延长工作时间和夜班劳动。”因此,无论是国家还是地方层面均有相应规定,对三期女职工原则上不能安排加班,还强调不能安排夜班。

问 单位违反规定,侵害三期女职工的合法权益,应当承担什么责任?

答 三期女职工维权的途径是多样的,可根据单位的具体违法行为有针对性地采取相关维权措施,单位也会因其违法行为而承担相应的民事赔偿、行政处罚甚至是刑事法律责任。比如:(1)用人单位未按时足额缴纳生育保险费的,女职工可以依法投诉,由生育保险费征收机构责令用人单位限期缴纳或者补足,并承担相应的滞纳金。(2)用人单位在劳动合同履行或者解除过程中(如违法解除、终止合同、违法调岗、降低工资等)侵害三期女职工合法权益的,女职工可以依法投诉、依法向劳动人事争议调解仲裁机构申请调解、申请仲裁,对仲裁裁决不服的,依法向人民法院提起诉讼。

典型案例分析

以案说法为纠纷处理提供具体的参考

案件名称：严某与厦门某公司劳动争议纠纷案

案号：(2021)闽02民终7560号

审理法院：福建省厦门市中级人民法院

案例来源：威科先行　法律信息库

基本案情　严某于2018年11月1日入职，2020年6月20日离职，公司为其缴纳了在职期间的社会保险。严某离职后以公司未按实际工资标准为其缴纳生育保险，致使领取的生育津贴远低于月平均工资标准，要求公司向其支付生育津贴的差额。公司则抗辩缴纳保险的数额系根据社保机构的统一要求缴纳，严某已经从社保机构领取了相应的生育津贴，故无权要求公司支付生育津贴差额。

法院观点　《女职工劳动保护特别规定》第8条规定，女职工产假期间的生育津贴，对已经参加生育保险的，按照用人单位上年度职工月平均工资的标准由生育保险基金支付。公司已为严某办理社会保险登记并缴纳包括生育保险在内的社会保险费，故生育津贴由生育保险基金支付。至于公司是否足额缴纳社会保险费，根据《社会保险法》第86条“用人单位未按时足额缴纳社会保险费的,由社会保险费征收机构责令限期缴纳或者补足"的规定,属于相应行政管理部门的职权范畴,不属于人民法院受理民事诉讼的范围。

裁判结果 对于严某要求公司补差的诉求,法院不予审理。

律师分析 如果女职工领取的生育津贴低于其本人产前工资标准,单位是否有义务按照本人工资标准进行补足?这个问题的产生是因为根据《社会保险法》和《女职工劳动保护特别规定》中的相关规定,生育津贴是按照女职工所在用人单位上年度全部职工的月平均工资计发的,而不是员工本人的工资标准,因此就出现了女职工所领生育津贴和其本人产前工资标准不一致的问题。至于单位是否需要补差,目前国家层面尚无明确规定,司法实践中的裁判尺度也不统一,支持、不支持或者认为不属于法院受理范围的判决都有。根据厦门地区现有的司法案例,是认为不属于法院受理案件的范围。虽然法院不受理,但可以依法通过其他途径救济维权,比如向社保部门反映情况,由社保部门根据情况处理。

---

* 蓝丽英律师,执业律师,人力资源管理师,专注领域:民商事合同、侵权纠纷、劳动人事争议纠纷。

** 张丽丽律师,执业律师,厦门市中级人民法院调解员,福建旭丰律师事务所劳动和社会保障专业委员会委员。

022

谈谈年终奖

FM99.6 厦门综合广播《新闻招手停》第 85 期

主持人：海蕾

主讲人：陈宗敏律师*、张诗荥律师**

热点问题发现

探寻社会中关注度高的热点问题

1. 年终奖的性质是什么？

2. 用人单位以往每年都发放年终奖，今年取消年终奖，是否合法？

3. 用人单位未发放个别员工年终奖，是否合法？

4. 员工在年终奖发放前离职，用人单位不发放离职当年度年终奖，是否合法？

5. 年终奖劳动仲裁时效如何确定？

常见问题解答

一问一答为常见法律问题提供指南

问 年终奖的性质是什么?

答 我国法律未明确规定年终奖是属于劳动报酬还是单位福利,司法实践中对年终奖的定性问题也存在一定的争议。根据我国《关于工资总额组成的规定》第4条的规定,工资总额由下列六个部分组成:(1)计时工资;(2)计件工资;(3)奖金;(4)津贴和补贴;(5)加班加点工资;(6)特殊情况下支付的工资。而《〈关于工资总额组成的规定〉若干具体范围的解释》第2条规定,奖金的范围:生产(业务)奖包括超产奖、质量奖、安全(无事故)奖、考核各类经济指标的综合奖、提前竣工奖、外轮速遣奖、年终奖(劳动分红)等。因此大多数司法机关认为,年终奖属于员工的劳动报酬。

问 用人单位以往每年都发放年终奖,今年取消年终奖,是否合法?

答 根据《劳动法》第47条的规定,用人单位根据本单位的生产经营特点和经济效益,依法自主确定本单位的工资分配方式和工资水平。即在不违反法律、行政法规强制性规定的前提下,年终奖的发放属于用人单位自主经营的范畴。用人单位发放年终奖通常是依据劳动合同的约定或单位的规章制度。若劳动合同中已经对年终奖的发放进行了约定或用人单位的规章制度中有年终奖方面的规定,则用人单位应当根据约定及规定发放年终奖，不能随意取消。

若用人单位与员工对发放年终奖没有明确约定或用人单位的规章制度未明确规定，用人单位以往每年都发放了年终奖，已经形成惯例，则其以往年度的年终奖发放情况，可能被劳动者引为惯例并作为其要求用人单位支付年终奖的依据。这种观点虽然存在一定的争议，但实践中可能会被司法机关支持。

问 用人单位未发放个别员工年终奖，是否合法？

答 若发生此类争议，司法机关通常会核实用人单位不予发放个别员工年终奖的理由以及合理性问题。如果用人单位能够举证证明该名劳动者在工作中存在过错等确实不符合发放年终奖条件的情形，则劳动者的主张可能不会得到支持。故用人单位在发放年终奖时，应遵循同工同酬的基本原则，对劳动者的绩效进行考核，而不是任性、随意为之，劳动者在相同时间、相同岗位取得相同绩效的，应当获得相同报酬包括年终奖。

问 员工在年终奖发放前离职，用人单位不发放离职当年度年终奖，是否合法？

答 对于已经完成年终工作任务的员工，最高人民法院认为，年终奖发放前离职的劳动者主张用人单位支付年终奖的，人民法院应当结合劳动者的离职原因、离职时间、工作表现以及对单位的贡献程度等因素进行综合考量。用人单位的规章制度规定年终奖发放前离职的劳动者不能享有年终奖,但劳动合同的解除非因劳动者单方过失或主动辞职所导致,且劳动者已经完成年终工作任务的,用人单位不能证明劳动者的工作业绩及表现不符合年终奖发放标准,年终奖发放前离职的劳动者主张用人单位支付年终奖的,人民法院应予支持。

对于未完成年终工作任务的员工,部分地区司法机关已明确规定在这种情况下,离职员工可以主张按实际工作时间折算年终奖,有些地区虽然无明确的规定,但也有判决支持劳动者的案例。

问 年终奖劳动仲裁时效如何确定?

答 根据《劳动争议调解仲裁法》第 27 条的规定:“劳动争议申请仲裁的时效期间为一年。仲裁时效期间从当事人知道或者应当知道其权利被侵害之日起计算……劳动关系存续期间因拖欠劳动报酬发生争议的,劳动者申请仲裁不受本条第一款规定的仲裁时效期间的限制;但是,劳动关系终止的,应当自劳动关系终止之日起一年内提出。”因此,劳动者因年终奖与用人单位发生争议时,应当适用特殊时效,即在劳动关系存续期间以及劳动合同解除或终止后一年内,劳动者均可以提起劳动仲裁向用人单位主张劳动关系存续期间用人单位未及时足额支付的年终奖。

典型案例分析

以案说法为纠纷处理提供具体的参考

案件名称：房某诉中美联泰大都会人寿保险有限公司劳动合同纠纷案

案号：(2018)沪0101民初10726号、(2018)沪02民终11292号

审理法院：上海市黄浦区人民法院、上海市第二中级人民法院

案例来源：中国裁判文书网

基本案情 房某于2011年1月至中美联泰大都会人寿保险有限公司(以下简称大都会公司)，双方之间签订的最后一份劳动合同履行日期为2015年7月1日至2017年6月30日，约定房某担任战略部高级经理一职。2017年10月，大都会公司对其组织架构进行调整，决定撤销战略部，房某所任职的岗位因此被取消。双方就变更劳动合同等事宜展开了近两个月的协商，未果。12月29日，大都会公司以客观情况发生重大变化、双方未能就变更劳动合同协商达成一致，向房某发出《解除劳动合同通知书》。房某对解除决定不服，经劳动仲裁程序后起诉要求恢复与大都会公司之间的劳动关系并诉求2017年8～12月未签订劳动合同二倍

工资差额、2017年度奖金等。大都会公司《员工手册》规定：年终奖金根据公司政策，按公司业绩、员工表现计发，前提是该员工在当年度10月1日前已入职，若员工在奖金发放月或之前离职，则不能享有。据查，大都会公司每年度年终奖会在次年3月左右发放。法院生效裁判认为：本案的争议焦点系用人单位以客观情况发生重大变化为依据解除劳动合同，导致劳动者不符合《员工手册》规定的年终奖发放条件时，劳动者是否可以获得相应的年终奖。

法院观点 一审法院认为，大都会公司的《员工手册》明确规定了奖金发放情形，房某在大都会公司发放2017年度奖金之前已经离职，不符合奖金发放情形。二审法院认为，现行法律法规并没有强制规定年终奖应如何发放，用人单位有权根据本单位的经营状况、员工的业绩表现等，自主确定奖金发放与否、发放条件及发放标准，但是用人单位制定的发放规则仍应遵循公平合理原则，对于在年终奖发放之前已经离职的劳动者可否获得年终奖，应当结合劳动者离职的原因、时间、工作表现和对单位的贡献程度等多方面因素综合考量。本案中，大都会公司对其组织架构进行调整，双方未能就劳动合同的变更达成一致，导致劳动合同被解除。房某在大都会公司工作至2017年12月29日，此后两日系双休日，表明房某在2017年度已在大都会公司工作满一年；在大都会公司未举证证明房某的2017年度工作业绩、表现等方面不符合规定的情况下，可以认定房某在该年度为大都会公司付出了一整年的劳动且正常履行了职责，为大都会公司作出了应有的贡献。基于上述理由，大都会公司关于房某在年终奖发放月之前已离职而不能享有该笔奖金的主张缺乏合理性。故对房某诉求大都会公司支付 2017 年度年终奖，予以支持。

裁判结果 大都会公司支付房某 2017 年度年终奖税前人民币 138600 元。

律师分析 目前，我国的法律法规中没有对用人单位设置年终奖的方式及具体标准进行规定，用人单位对于年终奖的发放有自主决定权。本案中，大都会公司的《员工手册》明确规定了奖金发放情形，房某在大都会公司发放 2017 年度奖金之前离职不符合《员工手册》中规定的奖金发放情形。但房某已经完成一个考核年度的工作，且工作中未存在过错情形，对劳动合同的解除也不存在过失，若用人单位不给予发放年终奖，显然不符合公平合理原则。

---

* 陈宗敏律师，厦门市律师协会劳动法专业委员会委员、厦门医患纠纷调解委员会法学专家，主要执业领域：劳动、保险、侵权、金融、行政。

** 张诗荥律师，毕业于中国政法大学。旭丰律所金融业务部成员，旭丰律所婚姻家事与财富传承业务部成员。主要执业领域：金融保险、婚姻家事、合同纠纷等。

023

如何认定“新业态就业群体”与平台公司之间是否存在劳动关系

FM99.6 厦门综合广播《新闻招手停》第 117 期

主持人：海蕾

主讲人：黄婧雯律师*、陈晓莹律师**

热点问题发现

探寻社会中关注度高的热点问题

1. 什么是新业态就业群体？

2. 如何认定“新业态就业群体”与平台公司之间是否存在劳动关系？

3. 当签订的协议与实际协议履行情况不符时，如何认定劳动关系？

常见问题解答

一问一答为常见法律问题提供指南

问 什么是新业态就业群体？

答 新业态就业群体是指近年来伴随着互联网平台经济的迅速发展，依托于互联网平台实现工作或就业的群体，与传统就业群体相比，具有用工关系灵活化、工作方式互联网化、工作内容多样化、工作时间弹性化、工作安排弱组织化等特征。互联网平台经济的迅速发展为社会创造了大量的就业机会，其中包括传统就业群体中的司机、快递员、配送员等，因互联网平台的出现而转变为依托于互联网平台的网约车司机、网约快递员、外卖骑手，也包括随着互联网平台发展而诞生的网络主播等，这些都属于我们所说的"新业态就业群体"。

问 如何认定如滴滴司机等网约客车司机与平台公司之间是否存在劳动关系？

答 滴滴司机等网约客车司机与平台公司之间是否属于劳动关系的问题，在近几年一直是很多人关注的话题，也出现过不少引发大家热议的案例。我们判断劳动者与公司之间是否存在劳动关系，目前法律上主要依据是《关于确立劳动关系有关事项的通知》（劳社部发〔2005〕12号）中的规定，具体包括：（1）用人单位和劳动者符合法律法规规定的主体资格；（2）用人单位依法制定的各项劳动规章制度适用于劳动者，劳动者受用人单位的劳动管理,从事用人单位安排的有报酬的劳动;(3)劳动者提供的劳动是用人单位业务的组成部分。那么,结合前述规定,我们可以根据网约客车司机的类型来判断他们是否有可能与平台公司建立劳动关系。常见的网约客车司机主要有三种类型,第一种是由网约车平台直接招聘的司机,这种情况下网约车平台往往拥有车辆所有权、运营权,并由网约车平台对司机的接单、排单等进行安排,此时网约客车司机与平台公司一般属于劳动关系。第二种是由网约车平台通过劳务派遣公司招聘网约客车司机,车辆所有权、运营权仍属于平台公司,也由平台公司对网约客车司机进行日常用工管理,但这种情况下网约客车司机与平台公司仅存在用工关系,其与劳务派遣公司存在劳动关系。第三种是兼职网约客车司机,也是目前争议最大且人数相对较多的网约客车司机类型。这种情况一般是用车客户发起订单后,由网约车平台向兼职网约客车司机进行派单。关于兼职网约客车司机与平台公司之间是否存在劳动关系,目前主流观点认为,兼职网约客车司机与平台公司只是中介关系,平台为兼职网约客车司机介绍客户,网约客车司机可以自主选择接单或不接单。因此双方之间并不存在严格的隶属关系,也不具备人身管理关系,双方不属于劳动关系。但该观点也存在一定争议,有观点认为要判断兼职网约客车司机与平台公司是否存在劳动关系,还是需要根据兼职司机与网约车平台之间签订的协议,以及双方之间的关系是否符合《关于确立劳动关系有关事项的通知》中规定的劳动关系的表现形式来综合判断。

问 如何认定网约货车司机与平台公司之间是否存在劳动关系？

答 人力资源和社会保障部、最高人民法院在2023年4月24日公布的第三批劳动人事争议典型案例中的典型案例1就是关于网约货车司机与平台企业的劳动关系认定问题，具体分析见后文典型案例。

问 如何认定网络主播与平台公司之间是否存在劳动关系？

答 关于这个问题，在人力资源和社会保障部、最高人民法院在2023年4月24日公布的第三批劳动人事争议典型案例中的典型案例5中进行了相关探讨。李某于2018年11月29日与某文化传播公司订立《艺人独家合作协议》，约定：李某聘请某文化传播公司为其经纪人，某文化传播公司为李某提供网络主播培训及推广宣传。合同期内，某文化传播公司为李某提供整套直播设备和直播室，负责安排李某的全部直播工作及直播之外的商业或非商业公众活动，全权代理李某涉及直播、出版、演出、广告、录音、录像等与演艺有关的商业或非商业公众活动，可在征得李某同意后作为其委托代理人签署有关合同；李某有权参与某文化传播公司安排的商业活动的策划过程、了解直播收支情况，并对个人形象定位等事项提出建议，但一经双方协商一致，李某必须严格遵守相关约定；李某直播内容和时间均由其自行确定，其每月获得各直播平台后台礼物累计价值5000元，可得基本收入2600元，超过5000元部分由公司和李某进行四六分成，超过 9000 元部分进行三七分成，超过 12000 元部分进行二八分成。从事直播活动后，李某按照某文化传播公司要求入驻两家直播平台。李某每天直播时长、每月直播天数均不固定，月收入均未超过 3500 元。2019 年 3 月 31 日，李某因直播收入较低，单方解除《艺人独家合作协议》，并以公司未缴纳社会保险费为由要求某文化传播公司向其支付解除劳动合同经济补偿。某文化传播公司以双方之间不存在劳动关系为由拒绝支付。李某向仲裁委员会申请仲裁，仲裁委员会裁决双方之间不存在劳动关系。李某不服仲裁裁决，诉至人民法院，经人民法院一审和二审，最后判决李某与某文化传播公司之间不存在劳动关系。

在这个案件中，可以看到双方签订的是《艺人独家合作协议》，而非劳动合同，合作协议中明确约定了系李某聘请某文化传播公司为其经纪人，同时结合双方实际履行过程中，某文化传播公司虽然也安排李某从事直播活动，但其主要目的是通过培训、包装、宣传、推广等手段使李某成为知名的网络主播；李某可以自主决定其直播内容和时间，并且双方也就收益分成进行了约定，双方之间的法律关系符合平等协商的合作合同性质，并不符合《关于确立劳动关系有关事项的通知》规定的劳动管理，应当认定为民事关系，而非劳动关系。因此，最终法院认定李某与某文化传播公司之间不存在劳动关系。

问 网络主播与平台之间是否有建立劳动关系的情况？

答 确实也存在网络主播与平台之间建立劳动关系的情况。前文已述，如何认定是否存在劳动关系的主要依据是双方签订何种合同并需要结合合同的实际履行情况来判断。也就是说，如果网络主播与平台之间签订了劳动合同，或是即便没有签订劳动合同，但平台公司具备用人单位的主体资格，并且与网络主播之间存在管理与被管理的隶属关系、经济从属关系，具体包括网络主播需要根据平台公司安排的直播内容、直播时间进行直播，接受平台公司考勤安排，遵守平台公司的各项规章制度，由平台公司定期支付劳动报酬等，符合《关于确立劳动关系有关事项的通知》中认定劳动关系的条件时，网络主播与平台公司之间应认定存在劳动关系。因此，网络主播和平台公司之间究竟属于何种法律关系不能一概而论，还是需要根据实际情况进行具体分析和认定。

问 外卖骑手与平台公司之间是否存在劳动关系？

答 人力资源和社会保障部、最高人民法院2023年4月24日公布的第三批劳动人事争议典型案例中的典型案例2对该问题进行了讨论。徐某于2019年7月5日从某科技公司餐饮外卖平台骑手入口注册成为网约配送员，并在线订立了《网约配送协议》，该协议载明：徐某同意按照平台发送的配送信息自主选择接受服务订单，接单后及时完成配送，服务费按照平台统一标准按单结算。从事餐饮外卖配送业务期间，公司未对徐某上线接单时间提出要求，徐某每周实际上线接单天数为3天至6天不等，每天上线接单时长为2小时至5小时不等。平台按照算法规则向一定区域内不特定的多名配送员发送订单信息，徐某通过抢单获得配送机会,平台向其按单结算服务费。出现配送超时、客户差评等情形时,平台核实情况后按照统一标准扣减服务费。2020 年 1 月 4 日,徐某向平台客服提出订立劳动合同、缴纳社会保险费等要求,被平台客服拒绝,遂向仲裁委员会申请仲裁。最终经过仲裁庭审理,裁决认定徐某与公司之间不存在劳动关系,因此驳回了徐某的请求。

本案中我们可以看到,虽然徐某与公司之间存在一定的经济从属性,骑手需要通过平台获得收入,但平台公司并未将徐某纳入组织管理的范畴内,徐某是能够完全自主决定工作时间及工作量的,因此双方之间的组织从属关系较弱,其程度不足以认定劳动关系,因此劳动仲裁委员会驳回了徐某的请求。

典型案例分析

以案说法为纠纷处理提供具体的参考

案件名称:刘某与某信息技术公司劳动争议纠纷案

案例来源:人力资源和社会保障部、最高人民法院联合发布劳动人事争议典型案例(第三批)

基本案情 刘某于 2020 年 6 月 14 日与某信息技术公司订立为期 1 年的《车辆管理协议》,约定:刘某与某信息技术公司建立合作关系;刘某自备中型面包车1辆提供货物运输服务，须由本人通过公司平台在某市区域内接受公司派单并驾驶车辆，每日至少完成4单，多接订单给予加单奖励；某信息技术公司通过平台与客户结算货物运输费，每月向刘某支付包月运输服务费6000元及奖励金，油费、过路费、停车费等另行报销。刘某从事运输工作期间，每日在公司平台签到并接受平台派单，跑单时长均在8小时以上。某信息技术公司通过平台对刘某的订单完成情况进行全程跟踪，刘某每日接单量超过4单时按照每单70元进行加单奖励，出现接单量不足4单、无故拒单、运输超时、货物损毁等情形时按照公司制定的费用结算办法扣减部分服务费。2021年3月2日，某信息技术公司与刘某订立《车辆管理终止协议》，载明公司因调整运营规划，与刘某协商一致提前终止合作关系。刘某认为其与某信息技术公司之间实际上已构成劳动关系，终止合作的实际法律后果是劳动关系解除，某信息技术公司应当支付经济补偿。某信息技术公司以双方书面约定建立合作关系为由否认存在劳动关系，拒绝支付经济补偿，刘某遂向劳动人事争议仲裁委员会申请仲裁。

仲裁观点 本案中，虽然某信息技术公司与刘某订立《车辆管理协议》约定双方为合作关系，但依据相关法律规定和政策精神，仍应根据用工事实认定双方之间的法律关系性质。某信息技术公司要求须由刘某本人驾驶车辆，通过平台向刘某发送工作指令、监控刘某工作情况，并依据公司规章制度对刘某进行奖惩；刘某须遵守某信息技术公司规定的工作时间、工作量等要求，体现了较强的人格从属性。某信息技术公司占有用户需求数据信息，单方制定服务费用结算标准；刘某从业行为具有较强持续性和稳定性，其通过平台获得的服务费用构成其稳定收入来源，体现了明显的经济从属性。某信息技术公司将刘某纳入其组织体系进行管理，刘某是其稳定成员，并以平台名义对外提供服务，从事的货物运输业务属于某信息技术公司业务的组成部分，体现了较强的组织从属性。综上，某信息技术公司对刘某存在明显的劳动管理行为，符合确立劳动关系的情形，应当认定双方之间存在劳动关系。某信息技术公司与刘某订立《车辆管理终止协议》，实际上构成了劳动关系的解除，因此，对刘某要求某信息技术公司支付经济补偿的仲裁请求，应当予以支持。

裁判结果 某信息技术公司向刘某支付解除劳动合同经济补偿。

律师分析 刘某与某信息技术公司之间虽然未签订《劳动合同》，而是签订《车辆管理协议》，但劳动关系的认定应根据实际履行的情况来判断，也就是说，即便双方没有签订《劳动合同》或签订了其他类型的合同，但在实际履行过程中，仍然符合《关于确立劳动关系有关事项的通知》中规定的劳动关系的表现形式，那么双方的关系还是应认定为劳动关系。

---

*　黄婧雯律师，福建旭丰律师事务所专职律师、劳动和社会保障业务部委员，厦门市劳动人事争议仲裁院兼职仲裁员。

**　陈晓莹律师，伦敦大学国王学院国际商法硕士，福建旭丰律师事务所涉外业务部副主任，沧州仲裁委员会仲裁员，海口国际商事调解中心特邀调解员，福建省涉外律师人才库入库律师，厦门市涉外律师人才库入库律师，入选司法部涉外律师人才高级研修班。

024

透视与解析“网络主播的解约困境”相关法律问题

FM99.6 厦门综合广播《新闻招手停》第88期

主持人：海蕾

主讲人：吴茹兰律师*、林露丝律师**

热点问题发现

探寻社会中关注度高的热点问题

1. 主播合同是什么法律关系？
2. 主播合同是不是劳动合同？
3. 主播合同的巨额违约金可以得到法院支持吗？
4. 主播在签署主播合同时应注意什么？

常见问题解答

一问一答为常见法律问题提供指南

问 主播合同是什么法律关系？

答 所谓网络直播，就是通过录屏工具或者手机，在互联网平台上对表演、展示、互动等行为进行实时呈现，是一种新兴的在线娱乐或服务方式。网络主播和直播平台的运行模式主要有三种：第一种是个体直接在网络平台注册，通过平台授予的直播权限，进行直播表演并获取一定收益。主播应当遵守直播行业规范的约束，但不受直播平台规定的直播时间、直播数量、直播效果等管理约束，不直接服从平台的人事管理安排。第二种是个体成为直播平台的签约艺人，接受平台一系列的规章制度，包括平台关于直播时长、内容质量、粉丝数量、直播活跃度等多重标准的考核。第三种是个体与MCN机构、文化公司签署的相关合作协议、经纪协议，通常冠以“合作”之名，由主播挂钩在某一公司下面，注册成为公司会员，获得公司的资源支持。其报酬的获得需先由公司与平台进行结算，再由公司与主播进行内部结算。实务中第二种、第三种运行模式在解约过程中容易遇到各种复杂的问题。

问 约定“每月发保底补贴”的主播合同是不是劳动合同？

答 不一定，劳动关系是双方当事人通过合意由劳动者一方提供劳动、用人单位一方给付报酬所形成的具有经济、人身从属性的权利义务关系。首先，根据2005年劳动和社会保障部《关于确立劳动关系有关事项的通知》中的标准来判定。(1)用人单位和劳动者符合法律、法规规定的主体资格；(2)用人单位依法制定的各项劳动规章制度适用于劳动者，劳动者受用人单位的劳动管理，从事用人单位安排的有报酬的劳动；(3)劳动者提供的劳动是用人单位业务的组成部分。其次，根据人力资源和社会保障部、最高人民法院等八部委发布的《关于维护新就业形态劳动者劳动保障权益的指导意见》(人社部发〔2021〕56号)的有关规定，符合确立劳动关系情形的，企业应当依法与劳动者订立劳动合同。不完全符合确立劳动关系情形但企业对劳动者进行劳动管理的，指导企业与劳动者订立书面协议，合理确定企业与劳动者的权利义务。个人依托平台自主开展经营活动、从事自由职业等，按照民事法律调整双方的权利义务。因此，仅凭"每月发保底补贴"的约定不足以认定合同双方存在劳动关系，还需明确签约主播与平台二者之间是否有"隶属关系"，也即"管理"与"被管理"的关系。

问 主播合同约定的巨额违约金是否会得到法院支持？

答 主播合同具有很强的人身属性，主播公司为了防止主播跳槽往往会约定很高的解约金，根据《民法典》第585条第1款、第2款的规定，当事人可以约定一方违约时应当根据违约情况向对方支付一定数额的违约金，也可以约定因违约产生的损失赔偿额的计算方法。约定的违约金低于造成的损失的，人民法院或者仲裁机构可以根据当事人的请求予以增加;约定的违约金过分高于造成的损失的,人民法院或者仲裁机构可以根据当事人的请求予以适当减少。

问 主播在签署主播合同时应注意什么?

答 第一,签订合同时需对合同的内容、合同生效后是否能够实际履行作审慎判断,慎重签约,否则在产生争议时再以“显失公平”或“重大误解”为由抗辩较难获得法院支持。第二,对合同性质做初步的判读,辨别合同性质是劳动合同还是服务合同,询问清楚工作地点、工作时间是否固定、是否需要服从公司规章制度。第三,对合同中约定账号所有权属、作品知识产权归属,尤其是解约后的账号所有权归属作明确约定。第四,一般合同并非现场签署,对双方在合同履行过程中作出的合同变更、实质性承诺等及时进行书面约定或保留相关电子证据如聊天记录,避免发生争议时无法提供有效证据。第五,对违约行为进行判别,合理约定违约责任,避免出现违约行为进而承担违约责任。最后,需要补充的是,网红是一个稍纵即逝的身份,而主播则是一个需要长期输出的职业,所以,明确自己的职业目标和规划,确定自己真正要追求的生活方式再去做决定,并为自己的决定负责,这很重要。

典型案例分析

以案说法为纠纷处理提供具体的参考

案件名称：上海熊猫互娱文化有限公司诉李某、昆山播爱游信息技术有限公司合同纠纷案

案例来源：最高人民法院第189号指导性案例

基本案情 被告李某原为原告上海熊猫互娱文化有限公司(以下简称熊猫公司)创办的熊猫直播平台游戏主播，被告昆山播爱游信息技术有限公司(以下简称播爱游公司)为李某的经纪公司。2018年2月28日，三方签订合作协议，约定协议有效期内，播爱游公司或李某未经熊猫公司同意，擅自终止本协议或在直播竞品平台进行相同或类似合作，或将已在熊猫直播平台上发布的直播视频授权给任何第三方使用的构成根本性违约，应向熊猫直播平台支付赔偿5000万元违约金及对主播的培训费、资源推广费。后在履行过程中，熊猫公司欠付李某两个月合作费用，李某催告无果后跳槽到斗鱼直播平台进行直播，熊猫公司起诉主播李某及其经纪公司要求停止在其他平台直播并支付相应违约金。

法院观点 当事人主张约定的违约金过高请求予以适当减少的，应当以实际损失为基础，兼顾合同的履行情况、当事人的过错程度以及预期利益

等综合因素，根据公平原则和诚实信用原则予以衡量。对于公平、诚信原则的适用尺度，与因违约所受损失的准确界定，应当充分考虑网络直播这一新兴行业的特点。网络直播平台是以互联网为必要媒介、以主播为核心资源的企业，在平台运营中通常需要在主播上投入较多的前期成本，而主播违反合同在第三方平台进行直播的行为给直播平台造成损失的具体金额实际难以量化，如对网络直播平台苛求过重的举证责任，则有违公平原则。故本案违约金的调整应当考虑网络直播平台的特点以及签订合同时对熊猫公司成本及收益的预见性。本案考虑主播李某在游戏直播行业中享有很高的人气和知名度的实际情况，结合其收益情况、合同剩余履行期间、双方违约及各自过错大小、熊猫公司能够量化的损失、熊猫公司已对约定违约金作出的减让、熊猫公司平台的现状等情形，根据公平与诚实信用原则以及直播平台与主播个人的利益平衡，酌情将违约金调整为 260 万元。

裁判结果 播爱游公司及主播需支付熊猫公司违约金 260 万元，熊猫公司应支付播爱游公司及主播欠付的合作费用。

律师分析 本案主播与文化公司签署的合作协议属于演艺经纪合同，且未违反我国强制性规定及法律法规，故为有效合同。当主播违反约定的排他性合作条款，未经直播平台同意在其他平台从事类似业务的，应当依法承担违约责任，网络主播主张合同约定的违约金明显过高请求予以减少的，在实际损失难以确定的情形下，人民法院可以根据网络直播行业特点，以网络主播从平台中获取的实际收益为参考基础，结合平台前期投入、平台流量、主播个体商业价值等因素合理酌定。

鉴于网络直播行业因市场波动产生的收益变化较大，实务中，法院调整违约金时会考量直播行业的特点、双方缔约地位、平台的损失情况、双方违约情节、主播的获益情况等因素。其中，因网络平台的损失难以量化，所以主播在合同履行期间的获益情况则成为法院考量的重要因素之一。除此之外，因直播行业存在水军刷单、同行往来帮刷的现象，在仅凭获益流水无法实际反映主播实际收益的情况下，法院还会综合考量主播的粉丝数量、引流能力等情形。

---

* 吴茹兰律师，福建旭丰律师事务所高级合伙人、建设工程业务部副主任，厦门市中级人民法院特邀调解员、厦门市建设局法律专家库成员、思明区涉案企业合规第三方监督评估机制专业人员、厦门市建筑行业协会调解专家、第九届厦门市律师协会建设工程专业委员会委员。

** 林露丝律师，福建旭丰律师事务所执业律师、网络与电子商务业务部副主任，厦门市优秀青年律师人才库律师、厦门市法律援助中心律师、厦门市法学会大数据与智能法律研究会理事、厦门市法学会体育与影视法学研究会会员。

025

谈谈“跨境情境下，劳动用工不要踩的那坑”

FM99.6 厦门综合广播《新闻招手停》第 125 期

主持人：海蕾

主讲人：黄嘉琳律师*、陈宗敏律师**

热点问题发现

探寻社会中关注度高的热点问题

1. 涉外劳动的定义。
2. 涉外劳动合同的注意事项。
3. 涉外劳动争议处理。
4. 走出去企业海外劳动用工风险识别和防范。

常见问题解答

一问一答为常见法律问题提供指南

问 涉外劳动关系指的是什么？

答 关于涉外劳动关系的认定，需要结合我国现行的劳动及涉外领域若干法律和行政法规、条例做综合判断。《劳动法》第2条第1款规定："在中华人民共和国境内的企业、个体经济组织（以下统称用人单位）和与之形成劳动关系的劳动者，适用本法。"《劳动合同法》第2条第1款规定："中华人民共和国境内的企业、个体经济组织、民办非企业单位等组织（以下称用人单位）与劳动者建立劳动关系，订立、履行、变更、解除或者终止劳动合同，适用本法。"从上述规定来看，劳动关系仅指我国境内的用人单位与劳动者之间的关系，并不包括境外的用人单位，因此有观点认为我国将劳动关系限定为境内的用人单位与劳动者之间，不存在所谓的涉外劳动关系，但这种观点是片面的，只考虑了劳动关系中的用人单位的国籍属性。

结合《外商投资法》第2条的规定，外商投资企业，是指全部或者部分由外国投资者投资，依照中国法律在中国境内经登记注册设立的企业。以及《最高人民法院关于适用〈中华人民共和国涉外民事关系法律适用法〉若干问题的解释（一）》第1条规定："民事关系具有下列情形之一的，人民法院可以认定为涉外民事关系：（一）当事人一方或双方是外国公民、外国法人或者其他组织、无国籍人；（二）当事人一方或双方的经常居所地在中华人民共和国领域外；（三）标的物在中华人民共和国领域外；（四）产生、变更或者消灭民事关系的法律事实发生在中华人民共和国领域外；（五）可以认定为涉外民事关系的其他情形。”普通的外商投资企业也属于我国境内的用人单位，境内用人单位与劳动者的劳动关系如果具备上述第 1 条规定的五种情形之一，其实都是可以认定为涉外劳动关系的。

问 涉外劳动关系具体有哪几种类型？

答 我国法律意义上的涉外劳动关系，如果按照劳动者提供劳动服务的地点进行区分，主要包括：（1）在中国境内工作的外籍人士、无国籍人、港澳台居民以及经常居住地在中国境外的人员；（2）受雇于外国企业后在中国境内的子公司或分支机构工作的外籍人士、无国籍人、港澳台居民以及经常居住地在中国境外的人员；（3）受雇于中国企业后被派往海外子公司或分支机构的外籍人士、无国籍人、港澳台居民以及经常居住地在中国境外的人员；（4）在海外直接被外国企业雇佣的中国公民；（5）被中国企业派往海外为外方提供劳务的中国公民。

问 涉外劳动关系产生纠纷，如何适用法律？

答 在处理涉外劳动争议案件时，确定适用哪个国家的法律是最重要的问题。我国在这方面采取了比较保守的做法，规定只能适用我国的劳动法律关系。由于劳动法属于社会法，存在较强的国家干预色彩，因此不能完全划归私法范畴,本质上具有公法的一定属性。

我国《劳动法》和《劳动合同法》规定,与我国境内用人单位形成的劳动关系适用我国劳动法律,但并未将外国人与中国企业之间建立的劳动关系排除在适用范围之外。此外,《外国人在中国就业管理规定》也规定,用人单位与聘用的外国人发生劳动争议时,适用我国法律。因此,在涉及涉外劳动关系的法律适用时,我国法律及行政法规既明确排除了其他国家法律的适用,也排除了当事人合意选择准据法的空间。

根据《涉外民事关系法律适用法》第 43 条的规定,涉及劳动合同适用劳动者工作地法律;难以确定劳动者工作地的,适用用人单位主营业地法律。劳务派遣可以适用劳务派出地法律。需要注意的是,劳动者工作地法律包括了境外的法律,但如果中华人民共和国法律对涉外民事关系有强制性规定,则应直接适用该强制性规定。涉及劳动者权益保护的情况,应当认定为《涉外民事关系法律适用法》第 4 条规定的强制性规定。

《外国人在中国就业管理规定》第 3 条规定了外国驻华使领馆和联合国驻华代表机构、其他国际组织中享有外交特权与豁免权的人员,不适用我国劳动法律。

根据《劳动和社会保障部办公厅关于外国使领馆雇佣中国公民有关问题的复函》,按照我国《劳动法》规定,建立劳动关系主体双方中用人单位一方应当是:中华人民共和国境内的企业、个体经济组织、国家机关、事业单位和社会团体，不包括外国驻华外交代表机构。因此，外国驻华外交代表机构不能直接与中国劳动者建立劳动关系，签订劳动合同。外国驻华外交代表机构聘用中国雇员，应按照现行法律规定，由外交人员服务机构派遣雇员，代理社会保险事务。在实践中，外国驻华使领馆等机构一般也会通过相关外服公司聘用中国雇员。

问 中国境内企业聘用外国人签订劳动合同的注意事项有哪些？

答 中国境内企业聘用外国人的主要注意事项，主要有两个方面：

第一，企业应审核外国人是否满足在中国就业的条件。根据《外国人在中国就业管理规定》第7条的规定，外国人在中国就业须具备下列条件：(1)年满18周岁，身体健康；(2)具有从事其工作所必需的专业技能和相应的工作经历；(3)无犯罪记录；(4)有确定的聘用单位；(5)持有有效护照或能代替护照的其他国际旅行证件。如前文所述，外国人在中国就业一般需适用中国法律，根据《劳动合同法实施条例》第21条“劳动者达到法定退休年龄的，劳动合同终止”的规定，我国规定的法定退休年龄是60周岁，如果外国人达到法定年龄后，与就业单位的劳动关系终止，此后双方建立的用工关系为劳务关系。

第二，企业与外国人需持有合法证件，外国人方能在中国就业，有五个方面需要注意：

1. 根据《外国人在中国就业管理规定》第5、11、15条的规定，用人单位聘用外国人须为该外国人申请就业许可，经获准并取得《外国人就业许可证书》后方可聘用。用人单位聘用外国人,须填写《聘用外国人就业申请表》,向其与劳动行政主管部门同级的行业主管部门提出申请,并提供:(1)拟聘用外国人履历证明;(2)聘用意向书;(3)拟聘用外国人原因的报告;(4)拟聘用的外国人从事该项工作的资格证明;(5)拟聘用的外国人健康状况证明;(6)法律、法规规定的其他文件。在该被聘用的外国人入境后15日内,持许可证书、与被聘用的外国人签订的劳动合同及其有效护照或能代替护照的证件到原发证机关为外国人办理就业证,并填写《外国人就业登记表》。

2. 外国人在中国就业须持有合法证件。其具体规定是:《出境入境管理法》第41条第1款规定,外国人在中国境内工作,应当按照规定取得工作许可和工作类居留证件。任何单位和个人不得聘用未取得工作许可和工作类居留证件的外国人。《外国人在中国就业管理规定》第8条第1、2款规定,在中国就业的外国人应持Z字签证入境(有互免签证协议的,按协议办理),入境后取得《外国人就业证》和外国人居留证件,方可在中国境内就业。未取得居留证件的外国人(持F字、L字、C字、G字签证者)、在中国留学、实习的外国人及持职业签证外国人的随行家属不得在中国就业。特殊情况应由用人单位按本规定的审批程序申领许可证书,被聘用的外国人凭许可证书到公安机关改变身份,办理就业证、居留证后方可就业。《外国人在中国就业管理规定》第16条规定,已办理就业证的外国人,应在入境后30日内,持就业证到公安机关申请办理居留证。居留证件的有效期限可根据就业证的有效期确定，以及《最高人民法院关于审理劳动争议案件适用法律问题的解释（一）》第33条第1款规定，外国人、无国籍人未依法取得就业证件即与中华人民共和国境内的用人单位签订劳动合同，当事人请求确认与用人单位存在劳动关系的，人民法院不予支持。

3. 根据《外国人在中国就业管理规定》第23、26条的规定，若存在就业证作废、无效、过期或者就业证注明的单位与实际提供劳动的单位不一致等情形，外国人虽持有就业证仍有可能被视为非法就业。

4. 根据《外国人在中国就业管理规定》第9条的规定，外国人满足特定条件情况下，在中国就业也可免办就业许可和就业证。根据《外国人在中国就业管理规定》第9条，凡符合下列条件之一的外国人可免办就业许可和就业证：（1）由我国政府直接出资聘请的外籍专业技术和管理人员，或由国家机关和事业单位出资聘请，具有本国或国际权威技术管理部门或行业协会确认的高级技术职称或特殊技能资格证书的外籍专业技术和管理人员，并持有外国专家局签发的《外国专家证》的外国人；（2）持有《外国人在中华人民共和国从事海上石油作业工作准证》从事海上石油作业、不需登陆、有特殊技能的外籍劳务人员；（3）经文化部批准持《临时营业演出许可证》进行营业性文艺演出的外国人。

5. 用人单位负有及时报告、办理相关手续的义务，外国人从用人单位离职应当办理相关手续。该注意事项规定在《外国人入境出境管理条例》第26条,聘用外国人工作或者招收外国留学生的单位,发现有下列情形之一的,应当及时向所在地县级以上地方人民政府公安机关出入境管理机构报告:(1)聘用的外国人离职或者变更工作地域的;(2)招收的外国留学生毕业、结业、肄业、退学,离开原招收单位的;(3)聘用的外国人、招收的外国留学生违反出境入境管理规定的;(4)聘用的外国人、招收的外国留学生出现死亡、失踪等情形的。另根据《外国人在中国就业管理规定》第19条的规定,外国人被批准延长在中国就业期限或变更就业区域、单位后,应在10日内到当地公安机关办理居留证件延期或变更手续。

问 涉外劳动合同在履行中发生争议的特殊事项。

答 我国涉外劳动合同的规定有《外国人在中国就业管理规定》、《台港澳居民在内地就业管理规定》(已废止)。这两项规定主要是关于办理就业许可证方面的程序规定,对司法审判的援用性意义较弱。

根据现有规定,在外国人办理就业证过程中需要得到公安出入境管理部门、各级劳动行政部门以及行业主管部门等多部门的审批。因此,外国人在我国就业涉及多部门管理,一旦发生纠纷,各部门、各环节之间的程序都应厘清才能确定责任。因此,就司法审判角度而言,如果涉及外国人的主体资格问题,在确定双方之间的权利义务之前,往往需要掌握之前的行政审批环节。

因此,在涉外劳动合同纠纷的处理方式方面,我们会更鼓励合同当事人在友好的基础上,通过相互协商解决纠纷。

问 走出去企业海外劳动用工风险识别和防范的问题。

答 出海企业面临的跨境用工风险有以下几个方面:

1. 东道国劳动法律尽职调查风险。往往由于语言文化差异、不同法律体系之间的差异以及官方文件更新速度等,查明当地法律成为企业面临的难题,但符合法律是合规的底线要求。因此,出海企业在海外用工管理的过程中,必须高度重视劳动法律的尽职调查问题,最好在企业设立之初就提前进行。

2. 薪酬支付和个税风险。雇主在工资支付方面的基本义务在各个国家基本都以明确的法律条款、章节进行确定,出海企业在支付薪酬时要特别注意"时间上及时""数额上足额",以免导致严重的法律后果。雇员个税由雇主代扣代缴是雇主的法定义务,双方不可以通过约定免除或转移。否则会被相关执法部门查处,对企业进行处罚。

3. 工时休假管理风险。很多国家、地区对于工时和加班时长有严格的规定,外国工会组织也会在企业存在不当加班制度时强势介入,可能通过协商、组织员工罢工、示威等方式促使企业制定合理的工时和加班制度,出海企业特别是劳动密集型企业需要特别关注该项规定。

4. 职业安全健康风险。国外在长期的劳资双方势力斗争以及工会组织的作用之下,许多国家对劳工的人身安全与健康也高度重视,对出海企业往往抽检严格,除工作场所的职业健康与安全问题,员工在境外的人身安全也是企业必须高度重视的问题。

5. 反歧视与性骚扰风险。性骚扰是外国劳动法极为关注的焦点，对于牵涉性骚扰的雇主，将会面临高额罚款的处罚。而歧视问题则包括了广泛的范围和多种类型，如种族歧视、年龄歧视、性别歧视、身高歧视、国别歧视、语言歧视等，需要谨慎对待歧视问题，预防歧视行为并防范相关投诉风险。

6. 解雇风险。解雇是国内外企业员工管理的重要难题，各国禁止解雇的情形有极大的相似性，一般会在法律中进行明文规定。另外，企业对于东道国法律中关于特定员工的解雇保护规定必须严格遵守，这些员工通常包括：三期女职工，特殊员工如残疾、疾病员工，在家庭中负有抚养、扶养义务的员工，加入工会或参加工会活动的员工等。

7. 商业贿赂与反腐败风险。近些年企业商业贿赂与反腐败的合规问题在国内外都高度重视，一般会采用国际合作的方式进行治理，比如通过国家间签署条约、协议确定共享海内外银行账户信息、刑事司法互助以及引渡等制度，出海企业必须高度重视，保障企业经营合规。

8. 个人信息保护风险。我国《个人信息保护法》于 2021 年 11 月 1 日施行，而国外在更早时就已将个人信息保护纳入了法律保护范围。在劳动用工方面，要求企业在招聘过程中获取的员工信息，限于招聘职位、目的相关，且通常需要告知候选人其个人信息仅用于招聘的选拔而不作他用。在用工管理时若需要跨境传输员工个人信息，也需要获得员工同意并妥善采取有效措施合理保护员工信息。

9.工会管理风险。国外大部分工会是独立工会,为保持工会独立性,多数国家明文规定禁止工会从雇主处获取财政支持,且有权以自己名义应诉和起诉。出海企业需要辨识国外哪些工会组织最大、最有力量,便于调整与工会合作的应对策略,以免工会成为企业海外经营的“拦路虎”。

10.用工模式选择风险。我国企业海外用工的模式主要有两种,一种是跨境用工模式,另一种是属地化用工模式,但是,无论是属地化还是跨境用工,中国企业海外投资设立的法人实体都属于外国雇主,在我国法律的规定下,外国雇主禁止在中国直接招聘。中国企业跨境派遣员工需要注意不同模式下从招聘到派遣的合法合规,重视保护员工的合法利益。

---

* 黄嘉琳律师,旭丰律师事务所涉外业务部副主任,厦门市律协海丝法务工作委员会总干事,厦门市律协涉外专业委员会委员,厦门市海丝商事海事调解中心理事、执行主任,国际争议解决及风险管理协会国际调解专家、国际专业调解导师,内地—香港联合调解中心国际调解专家。

** 陈宗敏律师,厦门市律师协会劳动法专业委员会委员、厦门医患纠纷调解委员会法学专家,主要执业领域:劳动、保险、侵权、金融、行政。

Part Five

第五编 公司

5

026

民法典之公司股权转让常见问题

FM99.6 厦门综合广播《新闻招手停》第121期

主持人：海蕾

主讲人：周慧律师*、陈晓玲律师**

热点问题发现

探寻社会中关注度高的热点问题

1. 股权转让协议。
2. 股权转让价款。
3. 股权转让手续。
4. 股权转让的限制性规定。
5. 股权回购。

常见问题解答

一问一答为常见法律问题提供指南

问 什么是股权?

答 股权是有限责任公司或者股份有限公司的股东对公司享有的人身和财产权益的一种综合性权利,即股东基于股东资格而享有的、从公司获得经济利益并参与公司经营管理的权利。具体来说,股权包括以下几种权利:(1)股东身份权;(2)参与决策权;(3)选择、监督管理者权;(4)资产收益权;(5)知情权(股东了解公司信息的权利);(6)提议、召集、主持股东会临时会议权;(7)优先受让和认购新股权;(8)转让出资或股份的权利;(9)股东诉权。

问 什么是股权转让?

答 指公司股东依法将自己的股份让渡给他人,使他人取得股权、成为公司股东的民事法律行为。

问 股权转让协议包括什么内容?

答 股权转让协议,是以股权转让为内容的合同,通常主要包括下列内容:(1)当事人双方基本情况,包括转让方与受让方的名称、住所、法定代表人的姓名、职务、国籍等。(2)公司简况及股权结构。(3)出让方及受让方的义务。(4)股权转让的份额,股权转让价款及支付方式。(5)股权转让的交割期限及方式。(6)股东身份的取得时间。(7)股权转让变更登记以及实际交接手续约定。(8)股权转让前后公司债权债务约定。(9)股权转让的权利义务约定。(10)违约责任。(11)适用法律争议解决方式。(12)通知义务、联系方式约定。(13)协议的变更、解除约定。(14)协议的签署地点、时间和生效时间。

问 股东转让股权时是必须签订股权转让协议吗?

答 依据我国相关法律的规定,签订股权转让协议并不是转让股权这一行为成立的必要条件,如果双方没有签订书面的股权转让协议,但是一方已经履行义务,另一方也已经接受时,事实上的合同关系成立。提示:我们生活中比较常见的是有限责任公司的股权转让,当此类股权转让发生后,应当依法办理变更登记。在向工商行政部门申请办理变更登记时,需要提交股权转让协议。

问 股权转让协议生效的时间点是怎么规定的?

答 股权转让协议不属于应当办理批准、登记手续才生效的合同,如果协议本身没有约定生效条件或者生效期限的,股权转让协议自成立时生效,即协议双方当事人都在协议上签字盖章或是捺指印时生效。

问 股权转让协议里的股权转让价款是否必须约定转让价格?

答 不是。因为股权转让除通过交易的方式实现外,也可以是无偿的,如以赠与的方式转让。即便是以交易方式实现股权转让的,如果协议里没有直接约定转让的价格,也可以通过后续的补充协议来另行约定。

问 股权转让协议的股权转让价格如何确定？

答 普通股权的转让价格通常由以下几种方式确定：（1）由转让方与受让方自由协商确定，可称为“协商价法”。（2）以公司工商注册登记的股东出资额为股权转让价格，可称为“出资额法”。（3）以公司净资产额为标准确定股权转让价格，可称为“净资产价法”。（4）以审计、评估的价格作为依据计算股权转让价格，可称为“评估价法”。（5）以拍卖价、变卖价为股权转让价格。

问 哪些情形属于低价的股权转让？

答（1）申报的股权转让价格低于初始投资成本或低于取得该股权所支付的价款及相关税费的；（2）申报的股权转让价格低于对应的净资产份额的；（3）申报的股权转让价格低于相同或类似条件下同一企业同一股东或其他股东股权转让价格的；（4）申报的股权转让价格低于相同或类似条件下同类行业的企业股权转让价格的；（5）经主管税务机关认定的其他情形。

问 股权低价转让的哪些情形视为正当理由？

答（1）能出具有效文件，证明被投资企业因国家政策调整，生产经营受到重大影响，导致低价转让股权；（2）继承或将股权转让给其能提供具有法律效力身份关系证明的配偶、父母、子女、祖父母、外祖父母、孙子女、外孙子女、兄弟姐妹以及对转让人承担直接抚养或者赡养义务的抚养人或者赡养人;(3)符合相关法律、政府文件或企业章程规定,并有相关资料充分证明转让价格合理且真实的,本企业员工持有的不能对外转让股权的内部转让;(4)股权转让双方能够提供有效证据证明其合理性的其他合理情形。

问 实现股权转让一般需要哪些手续?

答 (1)转让方与受让方签订《股权转让协议》,约定股权转让价格、交接、债权债务、股权转让款的支付等事宜,转让方与受让方在《股权转让协议》上签字盖章。(2)其他股东出具放弃优先购买权的承诺或证明。(3)召开原股东会议,经过原股东会表决同意,免去转让方的相关职务,表决比例和表决方式按照原公司章程的规定进行,参加会议的股东在《股东会决议》上签字盖章。(4)召开新股东会议,经过新股东会表决同意,任命新股东的相关职务,表决比例和表决方式按照公司章程的规定进行,参加会议的股东在《股东会决议》上签字盖章。讨论新的公司章程,通过后在新的公司章程上签字盖章。(5)在上述文件签署后30日内,向税务部门缴纳相关税款,再向公司注册地工商局提交《股权转让协议》、《股东会决议》、新的《公司章程》等文件,由公司股东会指派的代表办理股权变更登记。

问 股权转让有什么限制性规定？

答 对于有限责任公司而言，股权转让分为内部转让和外部转让，内部转让完全自由，股东之间可以相互转让其全部或者部分股权。而外部转让时其他股东享有优先购买权。在执行程序中，人民法院依照法律规定的强制执行程序转让股东的股权时，应当通知公司及全体股东，其他股东在同等条件下有优先购买权。其他股东自人民法院通知之日起满20日不行使优先购买权的，视为放弃优先购买权。

对于股份有限公司而言，根据《公司法》第141条的规定，股份转让主要有以下几点限制：(1)发起人持有的本公司股份，自公司成立之日起一年内不得转让。[①] (2)公司公开发行股份前已发行的股份，自公司股票在证券交易所上市交易之日起一年内不得转让。(3)公司董事、监事、高级管理人员所持本公司股份自公司股票上市交易之日起一年内不得转让。(4)公司董事、监事、高级管理人员任职期间每年转让的股份不得超过其所持有本公司股份总数的25%。(5)公司董事、监事、高级管理人员离职后半年内不得转让其所持的本公司股份。

① 2024年7月1日施行的《公司法》第160条删除了发行人自公司成立之日起一年内不得转让的规定，增加了法律、行政法规或者国务院证券监督管理机构对上市公司的股东、实际控制人转让其所持有的本公司股份另有规定的，从其规定。

问 公司能否直接回购股东的股权？

答 除非法律规定的特殊情况，公司是不得回购股东股权的。根据《公司法》第74条的规定，对有限责任公司而言，在三种情况下股东不满股东会决议可以请求公司回购股东股权：(1)公司连续五年不向股东分配利润，而公司该五年连续盈利，并且符合《公司法》规定的分配利润条件的；(2)公司合并、分立、转让主要财产的；(3)公司章程规定的营业期限届满或者章程规定的其他解散事由出现，股东会会议通过决议修改章程使公司存续的。[①] 根据《公司法》第142条的规定，对股份有限公司而言，在六种情况下可以回购股东股权：(1)减少公司注册资本；(2)与持有本公司股份的其他公司合并；(3)将股份奖励给本公司职工；(4)股东因对股东大会作出的公司合并、分立决议持异议，要求公司收购其股份的；(5)将股份用于转换上市公司发行的可转换为股票的公司债券；(6)上市公司为维护公司价值及股东权益所必需。[②]

---

① 现对应2024年7月1日施行的《公司法》第89条。

② 现对应2024年7月1日施行的《公司法》第162条，其中第1款第5项删除了"上市"公司的限定条件。且第160条新增了异议股东股份回购请求权相关规定。第160条规定，公司公开发行股份前已发行的股份，自公司股票在证券交易所上市交易之日起一年内不得转让。法律、行政法规或者国务院证券监督管理机构对上市公司的股东、实际控制人转让其所持有的本公司股份另有规定的，从其规定。公司董事、监事、高级管理人员应当向公司申报所持有的本公司的股份及其变动情况，在就任时确定的任职期间每年转让的股份不得超过其所持有本公司股份总数的百分之二十五；所持本公司股份自公司股票上市交易之日起一年内不得转让。上述人员离职后半年内，不得转让其所持有的本公司股份。公司章程可以对公司董事、监事、高级管理人员转让其所持有的本公司股份作出其他限制性规定。股份在法律、行政法规规定的限制转让期限内出质的，质权人不得在限制转让期限内行使质权。

典型案例分析

以案说法为纠纷处理提供具体的参考

案件名称：某实业有限公司诉某电力实业有限公司等股权转让纠纷案

审理法院：上海市第二中级人民法院

案例来源：中国裁判文书网

基本案情 某实业有限公司和某电力实业有限公司（以下简称某电力公司）为某新能源公司股东，两公司分别持股38.2%、61.8%。2012年6月1日，某电力公司未经某实业有限公司同意擅自将其持有的股份在产交所挂牌交易，某实业有限公司于2012年7月2日向产权交易所提出异议，明确表示保留优先购买权，要求暂停交易重新进行信息披露。但某电力公司为避免某实业有限公司行使优先购买权，在某水利公司未缴纳保证金的情况下于7月3日与某水利公司签订了产权交易合同，而且整个交易是在某实业有限公司异议审查期间完成的，产权交易所于2012年7月6日才向某实业有限公司送达交易不予中止决定通知书。某实业有限公司认为，某电力公司擅自转让股份侵害了其股东优先购买权，某水利公司和产权交易所以某实业有限公司未进场交易为由认定某实业有限公司放弃优先购买权没有法律依据，故请求判令：某实业有限公司对某水利公司转让的某新能源公司的61.8%股权享有优先购买权，并以转让价人民币48691000元（以下币种均为人民币）行使该优先购买权。

法院观点 首先，股东优先购买权是公司法赋予股东的法定权利，《公司法》仅在法院强制执行程序中规定了，优先购买权股东被通知后法定期间内不行权，视为放弃优先购买权，公司法及司法解释并未规定其他情形的失权程序；其次，根据《最高人民法院关于贯彻执行〈中华人民共和国民法通则〉若干问题的意见（试行）》的规定，不作为的默示效果只有在法律有规定或者当事人双方有约定的情况下，才可视为意思表示；最后，产权交易所作为依法设立的产权交易平台，法律并未赋予其判断交易标的是否存在权属争议和交易一方是否丧失优先购买权这类法律事项的权利。

裁判结果 某实业有限公司对某电力公司与某水利公司转让的某新能源公司的股权享有优先购买权；某实业有限公司应当在本判决生效之日起20日内行使优先购买权，否则视为放弃；某实业有限公司优先购买权的行使内容、条件，与某电力公司和某水利公司签订的产权交易合同相同。

律师分析 有限公司具有人合性特征，我国《公司法》等相关法律法规规定了股东向股东以外的人转让股权的，应当向其他股东充分履行通知义务。其他股东在同等条件下享有优先购买权。此处所涉通知的内容，应当包括拟转让的股权数量、价格、履行方式、拟受让人的有关情况等多项主要的转让条件。结合本案，首先，某实业有限公司已明确表示不放弃优先购买权。其次，某电力公司未将明确的拟受让人的情况告知某实业有限公司，故而给某实业有限公司及时、合法地行权造成了障碍。而权利的放弃需要明示，故不能当然地认定某实业有限公司已经放弃或者丧失了该股东优先购买权。最后，产权交易所并非司法机构，无权对于某实业有限公司是否享有优先购买权等作出法律意义上的认定。

---

* 周慧律师，北京师范大学硕士。主要执业领域：合同纠纷、公司法、劳动争议、金融等。

** 陈晓玲律师，主要执业领域：民商事、婚姻家事、合同纠纷、劳动争议纠纷、侵权纠纷、借贷纠纷、公司纠纷等。

027

从公司分红实现和股权代持角度谈投资风险及其防范

FM99.6 厦门综合广播《新闻招手停》第118期

主持人：海蕾

主讲人：师利玲律师*、马轶琳律师**

热点问题发现

探寻社会中关注度高的热点问题

一、公司分红纠纷多发缘由及分红权利实现

1. 从公司议事规则和运行机制分析分红纠纷成因。

2. 分红纠纷典型案例及裁判规则。

3. 分红争议的事先防范和诉讼救济。

二、隐名股东的法律风险及防范对策

1. 隐名股东和显名股东到底谁是股东？

2. 代持股权被擅自处置，隐名股东怎么办？

3. 隐名股东如何显名？

4. 股权代持的风险防范措施有哪些？

常见问题解答

一问一答为常见法律问题提供指南

问 有投资入股后无法实现分红的情形吗？

答 现实中这样的情况非常多，“分红”也就是公司法中所说的“盈余分配”，盈余分配纠纷属于多发的案件类型。很多人对投资入股的含义并不十分清楚，在无法收取预期回报时，才发现资金已脱离控制，此时不但预期利益难以实现甚至本金的回收都存在诸多法律障碍。这种法律风险主要发生在小股东身上，许多小股东完成投资后既不参与公司管理，也不参加会议表决，过分相信劝说入股人的利好描述和承诺，把钱投进去就不管了。刚开始还会收到一些分红让小股东尝些甜头，逐渐就不再分红，等小股东去询问时，劝说入股人就说公司亏损，无红可分。

问 公司法中对分红有什么规定吗？

答 公司有其独特的议事规则和运行机制，根据《公司法》第 37 条、第 99

条的规定[①],公司是通过股东会(股东大会决议)或董事会决议对有关事项作出决定的,由股东会审议批准公司的利润分配方案。如公司章程无例外规定,股东会会议由股东按照出资比例行使表决权,即资本多数决,由此可以看出,公司分红与否基本上是大股东说了算。

问 投资入股的法律含义是什么?

答 股东通过出资成为公司股东获得公司股权,或通过支付股权对价接受其他股东的股权转让而取得公司股权。股权对应的是公司资产,投资入股和民间借贷不同的是,投资入股是风险共担,公司不必然盈利,如果公司经营不善,资产亏损殆尽,意味着你面临着蚀本风险,投入的资金本身都不一定能拿得回来,更谈不上分红。

问 公司不进行分红都有哪些情况?

答 公司不进行分红主要有以下几种情形:

第一种情形,公司没有利润,公司真的在亏损。

第二种情形,公司盈利产生利润了,但在进行亏损弥补和相应提取后无剩余。这种情况下,小股东仍然无法主张分红,因为公司弥补亏损和提取公积金后所余税后利润才是可供分配的利润。

第三种情形,公司确有可供分配的利润,但有部分股东变相分配利

① 现对应2024年7月1日施行的《公司法》第59条、第112条。

润、隐瞒或转移公司利润，这样也会导致公司账面上无可供分配的利润。

第四种情形，公司确有可供分配的利润，但公司故意不作出盈余分配的股东会决议。

问 公司分红实现的法律障碍主要在什么地方？

答 首先，股东要证明公司存在可供分配的利润，其次要证明公司作出了利润分配的决议。

证明公司存在可供分配的利润，需要对公司会计信息进行获取和甄别使用，这通常也是最大障碍所在。首先，公司财务资料一般是在大股东直接或间接的掌控之下，如果公司不配合提供，可能还要先提起股东知情权诉讼。其次，财务信息的甄别使用，需要财会方面的专业知识，大部分人并不具备这种专业知识的储备，因此这对很多人来说也是比较困难的事。

公司故意不作出盈余分配的股东会决议，也给小股东分红实现制造了法律障碍。如前所述，公司分红基本上是大股东说了算，而“每一个有权力的人都易于滥用它；它越走越远，直至他碰着栅栏为止。这是一件永远重演的经验。”①常有公司存在可供分配的利润但故意不作出股东会决议，并以各种理由不正当地拒绝向股东分配，使得小股东拿不到分红。

---

① ［美］埃德加·博登海默：《法理学》，潘汉典译，法律出版社2015年版，第7～8页。

问 没有公司进行盈余分配的股东会决议，法院可以强制公司进行盈余分配吗？

答 股利政策和盈余分配方案属于公司自治事项，司法实践中，法院通常不会径行进行干预。但当有证据证明公司有盈余且存在部分股东变相分配利润、隐瞒或转移公司利润等滥用股东权利，明显损害小股东利益情形的，诉讼中可强制盈余分配。也就是说，在没有小股东利益被损害的实证的情况下，即使公司有可供分配的利润盈余，只要没有股东会（股东大会）决议①或其他有效的利润分配文件，且公司章程又无特别规定的，法院通常不会支持小股东的盈余分配诉求。

问 如果无法实现分红，小股东能不能直接要求公司退还出资？

答 无法分红时要求退还出资的难度很大。如前所述，股东向公司履行出资义务后，其出资财产的所有权转移到公司，即出资财产的所有权已不再属于股东，非经法定程序不得随意取回。小股东想要退出公司只能通过公司股权回购或股权转让的方式进行。股东要求公司回购股权难度较大，因为公司进行股权回购是要具备特定的法律条件才可以的。而股权转让也存在一定的难度，有限责任公司具有一定的人合性，股权不易于对外转让，而要转让给大股东，就需要对方有购买意向，此时小股东

① 2024 年 7 月 1 日施行的《公司法》中统一为股东会。

具有较小的议价权。

问 小股东应如何规避这些投资风险？

答 小股东分红的实现存在诸多不确定性，投资入股有风险，所以一定要慎重，要对公司情况和其他股东情况有足够的了解和掌握。一旦决定投资入股，最好预先进行一些安排，在签署投资协议和制定公司章程环节就要对自身基本利益实现进行所必需的权力配置，并安排相应的退出机制。此外，在有条件的情况下，小股东要尽量参与公司经营和相关会议，通过参与公司治理对大股东形成一定的权力制衡。

问 说起股权代持，如何厘清“隐名股东”“显名股东”“名义股东”“实际投资人”等诸多概念？

答 在公司法和最高人民法院颁布的五部公司法司法解释中，并不存在“隐名股东”和“显名股东”的概念，法条中将实际出资但是不具有股东身份特征的人称为“实际出资人”，与之对应的在工商登记了姓名的股东称为“名义股东”。所以说，“实际出资人”“名义股东”是更为准确的法律概念，“隐名股东”和“显名股东”是一种通俗的说法，但这个说法也已经被大量地使用在学术论著以及各级人民法院的司法裁判中，得到公司法领域的认可。

问 隐名股东和显名股东，谁才是法律上的股东？

答 根据目前的司法实践，大部分观点认为，隐名股东并非公司法意义上的股东，不能直接行使股东知情权。换句话说，从法律上看，隐名股东享有的仅仅是能对抗显名股东的合同权利，而无法直接行使股东权利。这也符合公司法的基本原则——“商事外观主义”。

问 代持股权被擅自处置，隐名股东怎么办？

答 根据《最高人民法院关于适用〈中华人民共和国公司法〉若干问题的规定(三)》第25条的规定，名义股东将登记于其名下的股权转让、质押或者以其他方式处分，实际出资人以其对于股权享有实际权利为由，请求认定处分股权行为无效的，人民法院可以参考《民法典》第311条[①]的规定处理(若名义股东的处分行为满足善意取得的要件，则其处分行为有效)，实际出资人只能要求名义股东承担违约责任，或依法追究其损失赔偿责任。

---

① 《民法典》第311条规定：“无处分权人将不动产或者动产转让给受让人的，所有权人有权追回；除法律另有规定外，符合下列情形的，受让人取得该不动产或者动产的所有权：

(一)受让人受让该不动产或者动产时是善意；

(二)以合理的价格转让；

(三)转让的不动产或者动产依照法律规定应当登记的已经登记，不需要登记的已经交付给受让人。

受让人依据前款规定取得不动产或者动产的所有权的，原所有权人有权向无处分权人请求损害赔偿。

当事人善意取得其他物权的，参照适用前两款规定。”

问 隐名股东如何从幕后走到台前，进行工商登记，变成名副其实的股东？

答 通常来说，隐名股东显名登记的条件有两步：第一步，要确保隐名股东与显名股东之间没有关于股权归属的争议；第二步，在办理显名手续时，还须满足"实际投资人对公司的投资不违反法律、行政法规的禁止性规定"以及"其他股东过半数以上同意其显名"这两个条件。

问 隐名股东可能面临哪些风险？

答 风险主要有以下三方面：首先，来自显名股东的各种违约或侵权是最常见的风险源。例如，显名股东滥用股东权利、拒不转交投资收益、怠于按照股权代持协议履行义务或擅自处置股权等。其次，因第三方原因，导致登记在显名股东名下的代持股权被执行或处分的风险。例如，显名股东在其发生离婚、继承时，代持股权被分割或被继承；显名股东因债务问题，导致代持股权被采取司法强制措施，甚至面临被拍卖等处置行为。最后，是来自股权代持协议效力的风险。根据《最高人民法院关于适用〈中华人民共和国公司法〉若干问题的规定（三）》第24条的规定，股权代持协议的效力认定标准与一般协议基本一致，除非存在合同无效①的

① 《民法典》第144条规定："无民事行为能力人实施的民事法律行为无效。"第146条规定："行为人与相对人以虚假的意思表示实施的民事法律行为无效。以虚假的意思表示隐藏的民事法律行为的效力，依照有关法律规定处理。"第153条规定："违反法律、行政法规的强制性规定的民事法律行为无效。但是，该强制性规定不导致该民事法律行为无效的除外。违背公序良俗的民事法律行为无效。"第154条规定："行为人与相对人恶意串通，损害他人合法权益的民事法律行为无效。"

事由,代持协议原则上有效。实践中股权代持协议无效的情形,常见于上市公司、保险金融等行政强监管行业以及外商投资等领域。

问 隐名股东有哪些风险防范对策?

答 (1)选择诚信且有能力胜任代持工作的人员。(2)签署完备的代持协议。(3)注意留存实际出资及能够证明股东身份的证据。如支付出资款的转账凭证、参与公司决策管理的书面文件、参与利润分配的凭证等。保证证据充分能够形成完整证据链,除能坐实股东身份,更能在代持股权被保全、执行时,及时提起确权诉讼或执行异议诉讼,以维护自身合法权益。

典型案例分析

以案说法为纠纷处理提供具体的参考

【案例1】《最高人民法院公报》2018年第8期(总第262期)甘肃居立门业有限责任公司与庆阳市太一热力有限公司、李某军公司盈余分配纠纷案

法院观点 在该案例中,法院确定了以下裁判规则:在公司盈余分配纠纷中,虽请求分配利润的股东未提交载明具体分配方案的股东会或股东大会决议,但当有证据证明公司有盈余且存在部分股东变相分配利润、隐

瞒或转移公司利润等滥用股东权利情形的，诉讼中可强制盈余分配，且不以股权回购、代位诉讼等其他救济措施为前提。

律师分析 盈余分配义务的给付主体是公司，若公司的应分配资金因被部分股东变相分配利润、隐瞒或转移公司利润而不足以现实支付时，不仅直接损害了公司的利益，也损害到其他股东的利益，利益受损的股东可直接依据我国《公司法》第 20 条第 2 款的规定向滥用股东权利的公司股东主张赔偿责任。但要注意优先保护公司债权人利益，对于有争议的款项因涉及案外人实体权利的，不应在公司盈余分配纠纷中作出认定和处理。

典型案例分析

【案例 2】山东省济南市中级人民法院发布 2016～2020 年度公司类纠纷十大典型案例之四：

宋某诉某科技有限公司、胡某

股东资格确认纠纷案

法院观点 隐名股东请求公司变更股东并办理公司登记机关登记的，须经公司其他股东半数以上同意。本案中，代持协议合法有效，但是隐名股东没有证据证明代持取得另外股东同意或者其他股东对于股权代持关系知悉,其要求显名须取得另外股东的同意,所以本案只判决确代持股成立,但是对其显名、变更成为公司股东的诉讼请求予以驳回。

律师分析 隐名股东与显名股东产生纠纷,以及股权代持协议到期或终止后,都将面临“隐名股东如何显名”的问题。此时,除解决股权归属的争议外,根据《最高人民法院关于适用〈中华人民共和国公司法〉若干问题的规定(三)》第 24 条第 3 款的规定,隐名股东显名还须满足“实际出资人对公司的投资不违反法律、行政法规的禁止性规定”以及“其他股东过半数以上同意其显名”这两个条件,否则,隐名股东将陷入继续隐身或转让股权的被动局面。因此,在实务操作中隐名股东应当处理好与目标公司之间的关系。隐名股东的状态大致包括两种情况:一种是公司及其他股东对存在“幕后股东”的情况认可,通常表现为公司参与签署了股权代持等有关协议,公司对隐名股东委托他人显名或将股权托管的情况予以确认。另一种则是公司或其他股东对代持股权的情况完全不知情。针对第一种情况,只要相关约定不违反法律法规,则公司应依据约定内容保障隐名股东行使股东权利。如隐名股东与显名股东约定股东分红由隐名股东直接收取,那么公司在分配红利时,应直接分配予隐名股东,而非依据登记情况将分红支付给显名股东。若隐名股东、显名股东与公司之间没有特别约定的,则不应给公司附加额外的管理负担，公司没有履行股权代持等相关协议的义务或责任。针对第二种情况，隐名股东可能将面临无法显名的风险，此种情况下隐名股东可以在纠纷爆发前，争取获得公司及其他股东确认其隐名股东身份的证据。例如，隐名股东可以亲自参与公司管理，或要求公司直接将股利分配给自己，若公司及其他股东未提出异议，则可以认为公司及其他股东对隐名股东的幕后股东身份是认可的。

---

*　师利玲律师，厦门大学法律硕士，厦门市律师协会企业合规委员会委员，被厦门市司法局评为2015～2017年度优秀法律顾问，厦门市思明区妇女代表，专注领域：公司股权争议解决。

**　马轶琳律师，被福建省律协评为公司法专业律师，厦门市律师协会企业合规专业委员会委员，厦门市知识产权协会特邀调解员，专注领域：争议解决、企业合规等民商事法律事务。

Part Six

第六编 知识产权

6

028

法律实务角度漫谈 Chat GPT

FM99.6 厦门综合广播《新闻招手停》第 108 期

主持人：海蕾

主讲人：孙洪良律师*、王馨悦律师**

热点问题发现

探寻社会中关注度高的热点问题

1. 展开说说：Chat GPT 面面观。
2. 潜在隐患：法律风险知一二。
3. 警钟长鸣：切莫违法惹事端。

常见问题解答

一问一答为常见法律问题提供指南

问 Chat GPT 是什么？

答 在此可以引用 Chat GPT 的自我介绍："我是一个由 Open AI 开发的大型语言模型，基于 GPT-3.5 架构训练而成。我被训练用于处理各种自然语言任务，包括回答问题、提供解释、生成文本等。我在广泛的主题和领域上有一定的知识，但需要注意的是，我是在 2021 年 9 月进行训练的，因此我没有关于这个时间点之后发生的事件的信息。我可以提供一般性的知识、帮助解决问题和提供指导，但在某些特定领域的专业知识上可能有限。我旨在与用户进行对话，并根据输入的上下文生成响应。尽管我经过了广泛的训练和优化，但并不意味着我的回答始终是准确和完美的。有时候，我可能会提供错误或不完全准确的信息。因此，在处理重要事务或需要专业意见的情况下，建议咨询相关专业人士。总之，我是一个用于自然语言处理的语言模型，旨在帮助回答问题、提供信息和进行有意义的对话。如果您有任何问题，请随时提问！"

问 Chat GPT 有什么功能？

答 ChatGPT 的功能涵盖：对话聊天、语法更正、文本翻译、语言转换、搜索引擎、创意生成、文学创作、跑代码、修复代码错误、AI 绘图、生成虚拟视频等。

问 使用 Chat GPT 时有哪些注意事项?

答 Chat GPT 还不是一个尽善尽美的工具,在使用过程中,暴露了两个非常突出的问题:第一,Chat GPT 是在 2021 年 9 月进行训练的,因此它没有这个时间点之后发生的事件的信息,数据库过于陈旧,没有办法通过 Chat GPT 获取时下热点信息。第二,Chat GPT 无法判断正误,有时会给用户提供错误信息、虚假信息,只能把 Chat GPT 当作一个帮助提高效率的工具。但面对它给出的答案,还是要保持谨慎,要充分地求证和验真。

问 Chat GPT 在哪些方面会涉及侵权?

答 首先,在数据、个人信息方面。尽管 Chat GPT 本身不存储个人数据,但在数据、信息的全生命周期中可能存在风险。举例来说,如果用户与 Chat GPT 的聊天中包含敏感信息,比如个人身份证号码、个人行踪轨迹、个人金融账户信息等,则存在被黑客截取以至于个人信息泄露的风险。

其次,在知识产权方面。一方面,Chat GPT 生成的内容有可能侵犯他人知识产权。Chat GPT 的运行模式是在数据库中训练学习,再产出用户需要的内容信息,Chat GPT 产出的内容是来源于其被给定的数据库,也就是说,Chat GPT 可能会使用受版权保护的内容或生成可能侵犯他人版权的内容。在国外,Chat GPT 母公司 Open AI 已经因为知识产权侵权而被提起了多个诉讼。另一方面,用户以个人名义发布 Chat GPT

的内容作品，会侵犯 Chat GPT 所属公司的著作权。2020 年最高人民法院发布的一则典型案例，已经形成了公司开发的人工智能所创作的文章属于著作权法保护的法人作品的裁判意见。

最后，在人格权方面。最近使用 Chat GPT 给女性制作色情图片或者诈骗的消息甚嚣尘上，这就暴露了 Chat GPT 的技术伦理风险，包括内容的不当使用、误导性信息的传播、违反公序良俗。举例来说，如果 Chat GPT被用于制作虚假的新闻文章或恶意侮辱、丑化信息，并且该等信息被广泛、公开发布，可能会侵犯个人的人格权。

典型案例分析

以案说法为纠纷处理提供具体的参考

案件名称：A 公司诉 B 公司著作权权属、侵权纠纷、商业贿赂不正当纠纷案

案号：(2019) 粤 0305 民初 14010 号

审理法院：深圳市南山区人民法院

案例来源：最高人民法院发布 2020 年度人民法院十大案件之五——首例人工智能生成文章作品纠纷案典型案例

基本案情 2018年8月,原告在其网站上首次发表了标题为《午评:沪指小幅上涨0.11%报2671.93点通信运营、石油开采等板块领涨》的财经文章,末尾注明"本文由腾讯机器人Dreamwriter自动撰写"。同日,被告在其运营网站发布了相同文章。原告认为,涉案文章作品的著作权应归其所有,被告的行为侵犯了其信息网络传播权并构成不正当竞争。[①]

法院观点 深圳市南山区人民法院审理认定,涉案文章属于我国著作权法所保护的文字作品,是原告主持创作的法人作品。被告未经许可,在其经营的网站上向公众提供了被诉侵权文章内容,供公众在选定的时间、选定的地点获得,侵害了原告享有的信息网络传播权,应承担相应的民事责任。

裁判结果 (1)被告于本判决生效之日起10日内赔偿原告经济损失及合理维权费用人民币1500元;(2)驳回原告的其他诉讼请求。

律师分析 Chat GPT的主要功能之一是内容生成,上述案例正是有关未经许可、公开使用人工智能创作的文章所引发的法律纠纷,对用户正确使用Chat GPT具有高度借鉴意义。

1. 人工智能撰写的文章应认定为人工智能撰写的还是"人"撰写的?

《著作权法》第11条对我国享有著作权的主体作出明确规定,著作权

---

① 最高人民法院发布2020年度人民法院十大案件之五:腾讯诉盈讯科技侵害著作权纠纷案。(2019)粤0305民初14010号一审民事判决书。

属于作者，创作作品的自然人是作者，法人或非法人组织在特定情况下可以被视为作者。因此，如果认为涉案文章的作者是人工智能（机器），那涉案文章在作者方面便不符合文字作品创作主体的规定，无法受到著作权法保护。最高人民法院的这则案例，认定人工智能的自动运行并非无缘无故或具有自我意识，其自动运行的方式体现了背后主创团队的选择，明确了涉案文章是由原告主创团队相关人员个性化的安排与选择所决定的，其表现形式并非唯一，具有一定的独创性。置言之，将涉案文章认定为“人”，而非机器撰写的，进而为将涉案文章认定为文字作品扫清主体层面的障碍。

2. 法人主体开发的人工智能所撰写的文章是否构成法人作品？

根据《著作权法》第 11 条第 3 款规定：“由法人或者非法人组织主持，代表法人或者非法人组织意志创作，并由法人或者非法人组织承担责任的作品，法人或者非法人组织视为作者。”

本案中，法院经审理认为，涉案文章是在原告的主持下，由包含编辑团队、产品团队、技术开发团队在内的主创团队运用 Dreamwriter 软件完成，整体体现原告对于发布股评综述类文章的需求和意图，在由原告运营的网站上发布，且注明“本文由腾讯机器人 Dreamwriter 自动撰写”，说明涉案文章由原告对外承担责任。法院据此认定涉案文章是原告法人作品。

3. 未经许可、在信息网络上公开发布人工智能创作的文字作品，是否构成侵权？

《著作权法》第 10 条第 12 款规定，著作权包括“信息网络传播权，即以有线或者无线方式向公众提供,使公众可以在其选定的时间和地点获得作品的权利”。本案中,被告未经著作权人(原告)许可,在被告自营的网站上发布涉案文章,使得公众可以在选定的时间、选定的地点获得涉案作品,侵害了原告享有的信息网络传播权,应承担相应的民事责任。

4. 增强法律意识,警惕侵权风险。

Chat GPT 一经问世便引起巨大轰动,我们感叹于科技变革带来的便利和惊喜,却常常忽视技术冰山下潜藏的法律危机。在此,我们提示各位用户,在使用 Chat GPT 等生成式人工智能工具时,要勤于求证,不能过度依赖工具;要注意保护个人隐私及个人信息,避免数据泄露造成精神、财产损失;要尊重 Chat GPT 的知识产权,警惕拿来即用和不劳而获。

---

* 孙洪良律师,福建旭丰律师事务所高级合伙人、网络与电子商务业务部主任;厦门仲裁委员会仲裁员;厦门市中级人民法院调解员;厦门市涉案企业合规第三方监督评估机制专业人员;厦门市工商联(总商会)顾问成员;厦门大学法学院授课讲师(兼职)。

** 王馨悦律师,厦门大学法律硕士(在读),福建旭丰律师事务所执业律师。

029

网红直播时代的新型不正当竞争行为

FM99.6 厦门综合广播《新闻招手停》第96期

主持人：海蕾

主讲人：陈力律师*、王琼律师**

热点问题发现

探寻社会中关注度高的热点问题

1. 什么是不正当竞争行为，比较常见的不正当竞争行为有哪些？

2. 网红产品的包装瓶、编织袋等，或网红店内的创意装潢，这些商业外观应如何通过知识产权进行保护？

3. 引诱直播平台主播跳槽是否构成不正当竞争行为？

常见问题解答

一问一答为常见法律问题提供指南

问 什么是不正当竞争行为,比较常见的不正当竞争行为有哪些?

答 我国《反不正当竞争法》第 2 条规定,不正当竞争行为,是指经营者在生产经营活动中,违反法律规定,扰乱市场竞争秩序,损害其他经营者或者消费者的合法权益的行为。不正当竞争行为的主体是经营者,也就是从事商品生产、经营或者提供服务的自然人、法人和非法人组织。需要注意的是,这里的主体并不要求被诉不正当竞争者与原告具有直接的竞争关系,也就是说司法实践中对竞争关系采用更加广义的理解,不再局限于"同业竞争关系"。例如,在北京极科极客科技有限公司与北京爱奇艺科技有限公司不正当竞争案中,法院认为"极科极客公司所经营的是路由器硬件的生产和销售及后续网络服务领域,爱奇艺公司所经营的是视频分享网站领域,二者看似并非同业。但是,二者经营成败的核心利益都在于网络用户的数量,当其中一方利用他人的竞争优势或以使用影响他人经营模式等不正当手段增加自身网络用户时,因该行为必然会使他人网络用户减少,从而二者在各自的最终的核心利益,即网络用户的争夺方面,会产生直接影响,在此基础上,双方构成竞争关系。"可见,判断不正当竞争行为需要结合具体个案进行分析。法律规定的常见不正当竞争行为包括混淆行为,也就是俗称的"傍名牌",即通过仿冒他人商品标识、企业主体标识、生产经营活动标识等,让人误以为该商品与他人存在特定的联系。

还包括虚假宣传行为，欺骗、误导消费者，典型的如“淘宝刷单”行为等。

问 网红产品的包装瓶、编织袋等，或网红店内的创意装潢，这些商业外观应如何通过知识产权进行保护？

答 整体而言可以分为两大类保护路径，即赋权保护模式和行为规制保护模式。赋权保护模式又包含商标保护、著作权保护以及专利保护。例如，对于酒瓶、饮料瓶、香水瓶等可以考虑通过注册立体商标的方式加以保护。此外，如果部分产品属于实用艺术品，可以考虑以著作权登记的形式加以保护。实用艺术品是指除了实用功能以外，还具有一定美感的物品。例如，储蓄罐的实用功能是存储硬币，但是储蓄罐的造型可以进行富有创意的设计，此时储蓄罐造型就可能因为具备独创性而受到《著作权法》的保护。根据《专利法》第2条第3款规定：“外观设计是指对产品的整体或者局部的形状、图案或者其结合以及色彩与形状、图案的结合所作出的富有美感并适用于工业应用的新设计。”所以，外观设计是一种可以由专利法保护的商业外观，包括“富有美感”和“新设计”两个要件。另外，有一定影响的特有装潢的保护主要是通过《反不正当竞争法》得以实现。若经营者擅自使用与他人有一定影响的商品名称、包装、装潢等相同或者近似的标识，引人误认为是他人商品或者与他人存在特定联系的，则属于不正当竞争行为。其中此类标识需要具有一定的市场知名度且能够区别商品来源。判断影响力与证明知名度时需要综合考虑中国境内相关公众的知悉程度，商品销售的时间、区域、销售额和对象，宣传的持续时间、程度和地域范围，标识受保护的情况等因素。

问 现在直播行业竞争也很激烈，平台主播如果违约跳槽去其他平台，这种挖角的行为是否构成不正当竞争？

答 这种挖角的行为一般称为引诱违约，引诱违约是指第三方通过说服、劝告、利诱等方式，使合同相对人违背此前与另一合同相对方的合同义务，不履行在先合同的行为。引诱违约行为是否构成不正当竞争，应当从以下几个方面考量。首先，要看引诱违约行为人与原合同平台方之间是否具备竞争关系。通常来说，现阶段直播平台间内容同质化严重，因此两个平台之间的竞争关系比较容易认定。其次，主播与原平台之间应当存在有效的合同且没有任意解除权。再次，引诱主播跳槽应当具有不正当性。在司法实践中，这种不正当性通常也是比较容易判断的。对于一些人气较高的主播在原平台直播利用原平台资源，根据社会一般人的认知标准，至少应当意识到其有合约在身，此时再许以“高价”跳槽费用，其挖人的“故意”还是比较明显的。最后，引诱违约的行为应当要造成原平台的损失，并且违背商业道德，最终很可能损害消费者的合法权益。像引诱主播违约跳槽这类行为，很容易引起市场秩序的混乱。直播平台好不容易培养和打造出来的人气主播，其往往直接影响平台的观众数量、流量大小、打赏多少以及广告费用的多少，属于平台的核心竞争资源。一旦被其他直播平台引诱违约跳槽，不但会带走观众，还会带走流量和打赏，这对于以观众换取流量，以流量换取打赏和广告费等其他收益的直播平台而言,无疑是致命损害。调查数据显示,85.7%的受访网民会选择跟主播一起更换平台,51.2%的用户表示喜欢的主播常驻直播平台是留住用户的关键。而引诱违约行为还可能对消费者造成损害。消费者进入直播平台虽然免费,但打赏主播需要在平台内购买虚拟货币,直播平台竞争对手引诱人气主播违约跳槽,按照用户协议,用户原来购买的虚拟货币不能退回,跟随主播至新的直播平台又要购买新的虚拟货币,无形中增加了消费成本。新的平台高价挖掘主播后,往往在合同中对主播进行一些条款的约束,例如要求主播每月礼物金额要达到多少的水平。这样跳槽的主播便会出于合同或者业绩的考量,不断刺激观众对其打赏消费,最终平台付出的高额签约费将全部转嫁到消费者的身上。所以说经营者通过实施引诱违约行为侵夺他人已经固定的优势竞争资源,损害公平竞争秩序,应被评价为不正当竞争行为。

典型案例分析

以案说法为纠纷处理提供具体的参考

案件名称:查良镛与杨治、北京联合出版有限责任公司著作权权属、侵权纠纷、商业贿赂不正当竞争纠纷案

案号:(2018)粤73民终3169号

审理法院:广州知识产权法院

基本案情 金庸(查良镛)是海内外知名作家,于1955年至1972年,创作并发表了《射雕英雄传》《天龙八部》《笑傲江湖》《神雕侠侣》等15部武侠小说,汇集为《金庸作品集》,在海内外出版发行。2015年,原告发现杨治(笔名:江南)出版发行的小说《此间的少年》所描写人物的名称均来源于金庸作品《射雕英雄传》《天龙八部》《笑傲江湖》《神雕侠侣》等,且金庸认为《此间的少年》除人物名称外,在人物性格、背景上也与其作品人物相似,于是提起本案诉讼。

法院观点 关于著作权。《此间的少年》故事情节与查良镛涉案四部作品相比,两者故事发生的时空背景不同,推动故事发展的线索与事件、具体故事场景设计与安排、故事内在逻辑与因果关系皆不同,两者表达不构成实质性相似。故《此间的少年》没有侵犯查良镛涉案四部作品中对应故事情节的著作权。但《此间的少年》中出现的绝大多数人物名称来自查良镛涉案四部小说,且主要人物的特征、人物关系、人物背景都有较多相似之处。虽然就单个人物形象来说,难以都认定获得了充分而独特的描述,但整体而言,郭靖、黄蓉、乔峰、令狐冲等60多个人物组成的人物群像,无论是在角色的名称、性格特征、人物关系、人物背景都体现了查良镛的选择、安排,可以认定为已经充分描述、足够具体到形成一个内部各元素存在强烈逻辑联系的结构,属于著作权法保护的"表达"。故法院认为《此间的少年》抄袭查良镛作品中人物名称、性格特征、人物关系的行为属于著作权法所禁止的剽窃行为，侵害了涉案四部作品的著作权。从利益衡量角度，在采取充分切实的全面赔偿或支付经济补偿等替代性措施的前提下，不判决停止侵权行为，但如需再版，则应向权利人支付经济补偿。考虑到《此间的少年》所利用的元素在全书中的比重，酌情确定经济补偿按照其再版版税收入的30%支付。

关于不正当竞争。对于人物名称、性格特征等由于已受著作权法保护，不再对是否构成不正当竞争进行审查。但2002年出版的《此间的少年》副标题定为“射雕英雄的大学生涯”，蓄意将《此间的少年》与《射雕英雄传》进行关联，引人误认为二者存在特定联系，该行为系借助《射雕英雄传》吸引读者的意图明显，杨治的该行为构成不正当竞争。

裁判结果　(1)停止不正当竞争行为；(2)于本判决发生法律效力之日起15日内消除不正当竞争行为所造成的不良影响；(3)赔偿经济损失及维权合理开支。

律师分析　一、二审法院对于《此间的少年》在故事情节上都不认为存在侵犯金庸作品著作权的情形，但对于人物名称、人物关系、人物背景、性格特征等认定上存在差异。如果仅借鉴人物名称，通常不构成著作权侵权，简单的人物名称难以具备独创性。但是《此间的少年》并非简单借鉴人物名称，还借鉴了人物关系、性格特征等，这些部分已经体现了金庸先生的选择和安排，应当属于具体的创作表达范畴，而非停留在“思想”

层面，因此江南使用人物名称、人物关系、人物特征等已构成对金庸先生作品的抄袭。对于著作权保护和不正当竞争保护间的关系问题，二审法院认为可以通过著作权保护的情况下，不再另行审查反不正当竞争法的保护问题。

---

* 陈力律师，厦门大学法律硕士，主修知识产权方向，财会、法律复合背景。专业领域：民商法、知识产权法、劳动法等。

** 王琼律师，工科学士，厦门大学法律硕士。具有专利代理师、资产评估师和中级知识产权师资格。厦门市律师协会数据与信息技术专业委员会委员，厦门市知识产权协会知识产权律师专业委员会委员。专业领域：知识产权、民商事。

030

如何高效注册商标

FM99.6 厦门综合广播《新闻招手停》第 98 期

主持人:海蕾

主讲人:苏礼墩律师*、林鹏垚律师**

热点问题发现

探寻社会中关注度高的热点问题

1. 商标注册申请为什么会被驳回?
2. 商标注册被驳回之后该如何处理?
3. 在申请商标之前是否有办法避免商标被驳回?
4. 该如何有效进行商标布局?

常见问题解答

一问一答为常见法律问题提供指南

问 正常的商标注册多久可以知道结果?

答 正常商标注册申请分为四个阶段,第一阶段是提申请到获得受理通知书。商标局会对申请人的申请材料进行初步审核,商标注册申请材料无误即可下发受理书,此时的申请人可以在自己的商标上打 TM 标识进行使用。这个过程为 1～2 个月。第二阶段是实质审查。在这个阶段,商标局既要对申请材料的形式要件是否具备进行审查,又要对申请材料的实质内容是否符合条件进行审查,还要审查已经申请或注册的商标,检查是否有相同或类似情况。若不合乎商标局关于商标注册规定的,则会下发驳回通知书。这一过程约为 4 个月。第三阶段是商标公布。也就是商标异议期、“商标公告”期,自公告那天起 3 个月内如与该商标有冲突或有利益关系的企业或个人对该商标提出异议,商标局将会对异议人的异议进行审查,一旦异议成功,已公告商标仍有可能会被驳回。在这期间,无人提出异议或异议被驳回,则意味着商标注册成功了。这个阶段约为 3 个月。第四阶段是核发证书。商标公告期过了之后,再 3 个月左右,商标局才会核准正式的商标证。所以正常情况下,从申请人提交申请到获得商标注册证,完整流程预计会花费 1 年左右的时间。

问 在商标注册过程中，会因为什么原因导致申请的商标被驳回？

答 通常有以下五方面的原因，会导致商标注册被驳回。一是商标已经被注册。申请注册商标实行申请注册在先的原则，在申请人提交申请之后，审查员会审查该商标是否已经被注册过了，所以申请注册商标还是尽早为好。二是商标近似。一般来说，在商标取名和 logo 设计时，如果刻意模仿其他品牌，有“傍名牌”的行为，则有非常大的可能被认定为近似商标而被驳回。商标近似是最常见的驳回原因，也是最容易产生误判的地方，所以要谨慎对待。三是商标缺乏显著特征。当申请的商标过于简单，如使用简单的线条、普通几何图形时，审查员会认为该商标缺乏显著特征，不具备可识别性而被驳回。四是商标名称属于通用名称、描述性词语。行业内通用的名称以及仅仅描述了产品特征的词语不能作为商标注册。五是使用了不被允许注册的标志。《商标法》规定了包括中华人民共和国的名称、国旗、国歌在内的若干种不可作为商标注册使用的标志，其中地名以及容易使公众对商品质量、产地产生误认的名称或标志都不可注册为商标，若不小心使用了不被允许的标志作为商标注册，则会被驳回不予注册。

问 实践中，商标被驳回之后，有办法挽救吗？

答 根据《商标法》的相关规定，商标驳回后，商标申请人可以自收到驳回通知书之日起 15 日内，向商标评审委员会提出复审申请。如果商标驳回为绝对驳回理由，不建议申请驳回复审；如果商标驳回为相对驳回理由，建议申请人及时咨询知识产权代理，根据商标审查标准，就商标是否近似作出判断，从而决定是否申请驳回复审。申请驳回复审，就有成功取得商标注册的机会，即使复审并未成功，申请人仍然有权在复审期间（一般为一年半至两年）继续使用 TM 标志。但是，如果放弃复审申请，商标申请将归于无效。即便重新申请，也面临两至三年的时间成本。

问 在商标申请之前，是否有办法减少被商标局驳回的概率？

答 在申请商标之前，我们建议事先进行商标检索，“商标入网”以后，检索商标已经很方便了，在中国商标网上的“商标查询”中即可对商标进行检索。在开始商标注册申请前，先通过商标网查询商标是否被注册，或是否有近似商标，如果有，则需要考虑更改自己的商标，和在先商标区别开来。同时申请人在注册商标前，要熟知《商标法》中有关商标注册的禁用条款，避免因为触犯这些条款而被商标局驳回。

另外，申请人在设计商标的时候，可以在商标中加入自己独有的标志，这样可以有效避免商标因为近似被驳回。比如注册肖像商标就是一个不错的选择，或者是在图形商标中加入肖像元素。因为每个人的肖像都是独一无二的，因此注册肖像商标与他人类似的可能性极低。申请人在设计过程中，要摒弃“傍名牌”心理，不少商标注册人心存侥幸，希望通过和名牌类似的方式来蹭蹭对方的“名气”，但这样的商标基本上不会被通过，只会耗费自己的时间和精力。

问 商标检索是否一定有必要？又该如何进行检索？

答 这个是非常有必要的。商标局每年收到的注册商标申请数量高达数百万件，最终核准注册的商标却十分有限；众多注册商标因为存在商标近似、商标缺乏显著性等问题而遭遇驳回，不予注册。一旦注册商标申请遭遇驳回，申请人为此商标付出的精力、金钱等都将被白白耗费掉。

商标局官网中有实时录入已注册商标的数据库，申请人可通过商标局官网“商标查询”栏目，比对自己拟申请商标和数据库中的商标，进而了解是否存在商标近似，商标所选择的商品或服务类别是否存在误差等。首先，申请人需确定查询商标的类别及其核定使用的商品或服务。尼斯分类表将商标细分为商品商标（1～34类）和服务商标（35～45类），其中每一个类别中又可以细分为众多小类。如申请人的商标使用于外套、大衣、牛仔裤等服装上，其商标为25类商标；申请人检索商标时，应在25类中查询相应商标。其次，申请人需要查询商标是否具有不良影响。《商标法》规定容易产生不良社会影响，有害社会主义道德风尚的标志不得作为商标使用，因此申请人需要考虑商标是否易产生不良影响，如“王八蛋”“黑鬼”等格调低下、鄙俗的文字，显然不会被核准为注册商标。最后，申请人需确定商标是否构成近似或相同商标。商标的作用是区分同一商品或服务的不同提供者，因而《商标法》规定近似或相同商品、服务上不允许存在近似商标，否则容易对消费者造成混淆，扰乱正常的市场秩序。申请人需要充分利用商标局数据库,以判断所申请商标是否和已注册商标构成近似。

问 如果是第一次注册商标,该如何选择商品和服务项目?

答 申请人第一次申请商标,在大致确定了注册申请的类别后,考虑选择注册的具体商品或服务内容时,一般而言,大家都需要运用《类似商品和服务区分表》(以下简称《区分表》)来挑选需要注册的具体商品或服务内容。《区分表》将商品和服务按照1~45类的顺序排列,可以对照该表进行查询之后确定。在选择具体商品或服务内容有以下几个基本原则可以遵循:

1. 选择主营业务上的商品或服务内容,确保基本注册范围。商标注册的目的在于注册后合法地使用,因此将主营业务上的商品或服务内容进行注册是最基本的要求,也是最为重要的要求。

2. 选择代表性的商品或服务内容,节约申请成本。《区分表》中每一类别下的各个类似群组都有大量的商品或服务内容,不可能全都申请,这时就需要选择有代表性的、核心的商品和服务内容。简言之,要选“以一当十”的商品或服务内容。

3. 选择不同类似群的商品或服务内容进行注册,扩大保护范围。对许多从事某个行业的申请人而言,希望以最小的成本,尽可能地扩大商标注册的保护范围。而商标注册申请是按照类别和申请数量收费的,在已经选择了注册类别的情况下,就需要以尽量少的商品和服务内容涵盖整个类别。其中最有效的办法之一，就是选择在某一类别下的不同类似群组的商品或服务内容进行注册。

4. 选择交叉检索或跨类别的商品或服务内容，简单实现跨类别保护。商标注册，就是要通过有限的投入，获得最大化的注册保护。而交叉检索或跨类别的商品或服务内容则可以更容易地达到这个目的。例如，花粉（原材料）与2904食用花粉类似。

5. 如找不到十分确切的商品与服务内容，可选择与之相近的商品或服务内容进行注册。经济社会发展十分迅速，各种商品与服务日新月异，而《区分表》中的商品与服务内容是有限的，这样就肯定会出现找不到与现实情况对应的商品与服务的时候。因此，申请人可以选择一些含义广泛、外延较大的商品与服务内容进行申请，达到注册保护的目的。

如果需要申请的具体商品或服务内容实在无法在《区分表》中找到对应的内容（连相近的商品或服务内容也找不到），也可以填写非《区分表》里的商品或服务名称。也就是说，给商品或服务取一个名字，并对此商品进行描述。但注意，商标局对非标准商品（服务内容）的注册申请有权不接受，从而导致商标注册申请失败。因此，一般不提倡申请非《区分表》内的商品或服务内容。

问 如何进行商标布局？

答 决定申请人商标数量需求有以下三个方面的因素：品牌战略、营销策略和法律保护。

首先，品牌战略对申请人商标数量需求的影响。如果申请人采用的是单一品牌战略，意味着所有的产品只使用一件商标。在产品多元化的企业，虽然商标会在不同的商品类别上申请注册，形成多件商标，但总体来讲，这类企业对于商标数量的需求不多。如果企业实施的是多品牌战略，则会根据品牌架构使用多个商标，进而产生大量商标需求，如宝洁公司，仅在洗发水产品上就形成了多个系列品牌，并分别有相应的商标与之对应。

另外，从品牌经营的动态上看，有的企业会有品牌扩张和延伸需求，相应地会在所涉及的商品类别上补充注册商标。而有的时候，若企业品牌延伸不当，将会对原有品牌造成不利影响。但如果在品牌延伸时使用其他的商标，原有商标只起到一个品牌背书的作用，则能够有效降低品牌延伸时的市场风险。

其次，营销策略对企业商标数量需求的影响。如前文所述，表达信息是商标除指示商品来源之外的另一项的重要功能。而借助商标表达的信息多数与企业的营销活动有关。具体表现为，其一，表达产品的市场形象，如使用商标表达不同风格、不同系列、不同档次的产品；其二，表达产品的品质，如使用商标表达产品所使用的各类技术、工艺和材料；其三，表达产品的卖点，如在油漆商品上使用“鲜呼吸”商标表达产品健康环保，可以放心使用。

最后，法律保护对企业商标数量需求的影响。一个品牌要获得商标法意义上的保护，可能需要通过申请注册数件甚至更多的商标才能实现。从商品分类的角度分析，日常的商品分类与商标注册的商品分类可能并不是一一对应，这时就需要在多个相应类别上进行注册；从保护商标组成元素的角度分析，组合商标要想获得更大范围的保护则需要拆分成数个元素分别进行申请注册；从商标实际使用情况的角度分析，不仅要对商标本身申请注册，还要对商标简称、商标别称等申请注册；从保持品牌唯一识别性的角度分析，则需要在企业经营范围以外的行业上申请注册，防止被他人注册和使用；等等。

---

*　苏礼墩律师，福建旭丰律师事务所高级合伙人，最高人民检察院民事行政咨询专家，厦门、福州、漳州仲裁委员会仲裁委员，福建省律师协会建设施工专业委员会副主任，厦门市律师协会破产重组专业委员会副主任，厦门市知识产权协会律师专业委员会副主任。

**　林鹏垚律师，福建旭丰律师事务所律师，厦门市中级人民法院调解员，厦门市知识产权协会律师专业委员会委员。

031

聊聊你我身边的商战：如何保护商业秘密

FM99.6 厦门综合广播《新闻招手停》第 99 期

主持人：海蕾

主讲人：苏礼墩律师*、罗淞律师**

热点问题发现

探寻社会中关注度高的热点问题

1. 什么是商业秘密？
2. 商业秘密的类型和载体有哪些？
3. 商业秘密和专利对新技术的保护各有什么优势？
4. 侵犯商业秘密的行为有哪些？
5. 侵犯他人商业秘密应承担什么法律责任？
6. 当遇到侵犯商业秘密的行为时，企业应如何切实保护自身合法权益呢？

常见问题解答

一问一答为常见法律问题提供指南

问 什么是商业秘密？

答 《民法典》第123条明确将商业秘密列为知识产权的客体。《反不正当竞争法》第9条也给商业秘密总结了一个定义，商业秘密是指不为公众所知悉、具有商业价值并经权利人采取相应保密措施的技术信息、经营信息等商业信息。从商业秘密的定义中，可以看出商业秘密具备三性，价值性、秘密性以及保密性的技术信息、经营信息等商业信息。所谓价值性指的是它能为权利人带来经济收益或者竞争优势；秘密性指的是有关信息不为公众所知悉；保密性指的是权利人采取了与商业秘密的商业价值相适应的合法合理保密措施。

商业秘密的“秘密性”体现在不为公众所知悉，具体来说就是有关信息不为其所属领域的相关人员普遍知悉和容易获得。通常应满足以下条件：其一，该有关信息在所属领域不属于一般常识或者行业惯例；其二，该有关信息结构组合较为复杂，所属领域的相关人员无法通过观察上市产品直接获得；其三，该有关信息未在公开出版物或者其他媒体上公开披露；其四，该有关信息未通过公开的报告会、展览等方式公开。此外，将为公众所知悉的信息进行整理、改进、加工后形成的新信息，符合上述条件的也可以认定该新信息不为公众所知悉。

问 商业秘密的类型和载体有哪些？

答 商业秘密主要包含两类商业信息，分别为与技术有关的技术信息和与经营活动有关的经营信息，即技术秘密和经营秘密。

技术秘密主要是指与技术有关的信息，如某种结构、原料、组分、配方、材料、样品、样式、植物新品种繁殖材料、工艺、方法或其步骤、算法、数据、计算机程序及其有关文档等。经营秘密主要是指与经营活动有关的信息，如某种创意、管理、销售、财务、计划、样本、招投标材料、客户信息、数据等。司法实践中大部分商业秘密侵权诉讼涉及的是技术秘密，且权利人主张其技术信息构成商业秘密的成功率远高于经营信息。

问 商业秘密和专利对新技术的保护各有什么优势？

答 专利和技术秘密保护方式本身存在天然的内在关联，因为专利和技术秘密保护的客体很大部分是相同的，专利不能脱离技术秘密独立存在。在专利申请之前，相关发明创造属于技术秘密的状态，若因为泄密丧失其新颖性，则无法再作为专利进行保护。技术秘密和专利对新技术的保护具有以下异同点。

第一，从保护年限来看，技术秘密是不公开的技术，以不公开来维持技术上的竞争优势，因此其保护年限是没有限制的；专利是公开的技术，以公开来换取垄断的排他优势，外观设计专利的保护年限是 15 年，实用新型专利的保护年限是 10 年，发明专利的保护年限是 20 年。

第二，从保护范围来看，技术秘密的保护范围比专利更大，从理论上讲，符合专利授权要求的技术在申请专利前都可纳入技术秘密的保护范围，而无法获得专利授权的技术也可能作为技术秘密来保护。

第三，从排他性来看，技术秘密不具有排他性，是可以并存的，不同的权利人可以拥有相同的技术秘密，而专利具有法定的排他性，同一技术内容即便他人独立获得也不可以对抗专利权人的专有权。

第四，从保护方式来看，技术秘密主要是依赖于权利人自身保密管理制度的力量来保护，而专利则主要依据专利法律法规来保护。

第五，从保护对象来看，对于用技术秘密保护的技术，其保护对象是依据技术构成，技术秘密权利人有义务列明其中要求保护的秘密点；对于用专利权保护的技术，其保护对象则是依据权利要求书所确定的具体权利要求。

因此，对于同一项新技术，技术秘密和专利都是有效的保护方式，企业可以根据自身的情况和技术内容的特点进行选择。企业既可以通过申请专利来获得保护，也可以作为技术秘密获得保护，甚至可以在合理布局的基础上就不同技术内容运用“技术秘密 + 专利”的组合方式共同来保护。

问 企业在选择合适的保护策略时，主要可以考虑哪些因素？

答 首先，应当考虑技术本身是否具有可专利性。专利权的保护客体受到专利法限制，很多技术不属于专利法保护的客体，因此，对于不具有可专利性或专利授权可能性小的技术，建议采用技术秘密进行保护。

其次，应当考虑技术本身的特性。对于第三方较难独立研发出来和较难通过反向工程获得的技术，建议通过技术秘密进行保护，如可口可乐的原浆配方。对于第三方容易独立研发出来和容易通过反向工程获得的技术，建议选择专利保护。例如用肉眼很容易识别的机械结构和构造。

最后，应当考虑企业自身的保密能力。技术保密能力较强的企业，可以多考虑采用技术秘密进行保护，反之则更多地考虑采用申请专利进行保护。

问 侵犯商业秘密的行为有哪些？

答 例如，以盗窃、贿赂、欺诈、胁迫、电子侵入或者其他不正当手段获取权利人的商业秘密的行为；披露、使用或者允许他人使用以盗窃、贿赂、欺诈、胁迫、电子侵入等不正当手段获取的权利人的商业秘密的行为；违反保密义务或者违反权利人有关保守商业秘密的要求，披露、使用或者允许他人使用其所掌握的商业秘密的行为；教唆、引诱、帮助他人违反保密义务或者违反权利人有关保守商业秘密的要求，获取、披露、使用或者允许他人使用权利人的商业秘密的行为；第三人明知或者应知商业秘密权利人的员工、前员工或者其他单位、个人实施上述违法行为，仍获取、披露、使用或者允许他人使用该商业秘密的，视为侵犯商业秘密。

实践中比较常见的侵权形式：（1）员工违反企业信息安全规定，将企业商业秘密或涉密信息转移至企业控制范围之外（如个人邮箱或网盘），未使用或仅供个人使用；(2)员工将所掌握的商业秘密或涉密信息在企业内部传播，如将涉密信息发在公司聊天群，在闲聊过程中向无关同事披露涉密信息；(3)员工将商业秘密披露至互联网等可为公众所知悉的公开渠道，如在微博、朋友圈、知乎等平台发布涉密信息；(4)离职员工携带商业秘密，跳槽至有竞争关系的企业，用于生产经营；(5)在职员工在外开设企业或与竞争对手合谋转移企业商业秘密，谋取不正当利益；(6)外部以电子侵入形式窃取企业商业秘密，如破坏防火墙、窃取密钥、植入木马、绕过网关、端口监听等各种电子侵入手段。

问 侵犯他人商业秘密应承担什么法律责任？

答 任何个人或者单位实施侵犯商业秘密的行为应当承担相应的法律责任，这些法律责任包括刑事责任、民事责任和行政责任。

刑事责任方面，根据《刑法》第219条的规定，侵犯商业秘密，情节严重的，处3年以下有期徒刑，并处或者单处罚金；情节特别严重的，处3年以上10年以下有期徒刑，并处罚金。最高人民检察院、公安部在2020年9月17日发布《关于修改侵犯商业秘密刑事案件立案追诉标准的决定》中将侵犯商业秘密罪的刑事立案标准由50万元改为30万元，即侵权人给商业秘密权利人造成损失数额在30万元以上，或者因侵犯商业秘密违法所得数额在30万元以上就达到刑事立案的标准，如果直接导致商业秘密的权利人因重大经营困难而破产、倒闭的，也可以依侵犯商业秘密罪来立案。

民事责任方面，根据《反不正当竞争法》第9条和第17条的规定，侵犯商业秘密，给他人造成损害的，损害赔偿数额按照因侵权所造成的实际损失确定，实际损失难以计算的，按侵权人因侵权所获得的利益确定。恶意实施侵犯商业秘密行为，情节严重的，按上述方法确定数额的一倍以上五倍以下确定赔偿数额。赔偿数额还应当包括经营者为制止侵权行为所支付的合理开支。权利人因侵权所受到的实际损失、侵权人因侵权所获得的利益难以确定的，由人民法院根据侵权行为的情节判决给予权利人500万元以下的赔偿。

行政责任方面，根据《反不正当竞争法》第21条的规定，侵犯商业秘密的，由监督检查部门责令停止违法行为，没收违法所得，处10万元以上100万元以下的罚款，情节严重的，处50万元以上500万元以下的罚款。

问 当遇到侵犯商业秘密的行为时，企业应如何切实保护自身合法权益？

答 企业可以通过民事诉讼、行政查处甚至刑事报案保护自身合法权益。我们的建议是有序地推进上述三种手段，应当以刑事报案优先，如果不满足刑事立案标准，再退而求其次选择行政查处，最后进行民事诉讼。因为民事诉讼或行政查处在一定程度上具有公开性，这与刑事报案的秘密性存在天然的冲突，使用民事诉讼或行政查处在一定程度上会惊动侵权主体，存在侵权主体毁灭证据和串供的风险，进而妨碍刑事报案的推进。此外，行政查处对民事诉讼的方式具有补充性，在取证上行政查处可以弥补民事诉讼中证据获取难的问题，通过行政查处去获取和固定侵权主体的侵权行为证据，以便在民事诉讼中援引使用。

问 客户名单是否属于商业秘密？

答 客户名单是否属于商业秘密关键在于其是否具备商业秘密的三性，即具有价值性、秘密性、保密性。首先判断客户名单是否为企业带来竞争优势及稳定的经济利益。其次判断客户名单是否包括名称、联系方式以及交易的习惯、意向、内容等区别于公知信息的特殊信息。最后判断企业是否为防止客户名单泄露采取了合理的保密措施。如果上述三点都是肯定的回答，那么该客户名单属于商业秘密。

问 计算机软件的源代码是否可以构成技术秘密？

答 计算机软件的源代码通常由开发者组织人力，投入资金，经过长时间创作开发而得，可以为开发者带来经济效益。同时计算机软件的源代码通常存储于后台的服务器中，一般大众在使用软件的过程中是无法获得源代码，满足该源代码不为公众所知悉的法定要件，可以构成技术秘密。

典型案例分析

以案说法为纠纷处理提供具体的参考

案件名称：科美博阳诊断技术（上海）有限公司与程某、成都爱兴生物科技有限公司侵害技术秘密纠纷案

案号：(2020)最高法知民终1889号

审理法院：最高人民法院

案例来源：2023年人民法院反垄断和反不正当竞争典型案例

基本案情 科美博阳诊断技术（上海）有限公司（以下简称博阳公司）系“光激化学发光分析系统通用液”技术秘密权益人。博阳公司前员工程某离职后进入成都爱兴生物科技有限公司（以下简称爱兴公司），并向爱兴公司披露前述技术秘密。爱兴公司使用前述技术秘密生产体外诊断试剂盒并予销售。博阳公司以程某、爱兴公司前述行为构成对其技术秘密权益的侵害为由提起本案诉讼。经审查，其中的微粒CV值、粒径等技术信息在相关技术文件中均有对应记载，博阳公司结合本领域的现有技术、公知常识，能够合理总结与提炼出上述技术方案，可以作为技术秘密予以保护。

法院观点　最高人民法院二审认为，技术秘密通常体现在图纸、工艺规程、质量标准、操作指南、实验数据等技术资料中，权利人为证明其技术秘密的存在及其内容，通常会在体现上述技术秘密的载体文件基础上，总结、概括、提炼其需要保护的技术秘密信息，其技术秘密既可以是完整的技术方案，也可以是构成技术方案的部分技术信息。权利人在从其技术资料等载体中总结、概括、提炼秘密信息时，应当允许将其具有秘密性的信息结合现有技术及公知常识形成一个完整的技术方案请求保护。权利人从其不为公众所知悉的工艺规程、质量控制标准等技术文件中合理提炼出的技术方案，只要不为社会公众普遍知悉和容易获得，即可作为技术秘密予以保护。

裁判结果　上海知识产权法院一审判令程某、爱兴公司停止侵害涉案技术秘密并共同赔偿博阳公司经济损失 100 万元、维权合理费用 30 万元。程某、爱兴公司不服，提起上诉。最高人民法院二审判决驳回上诉，维持原判。

典型意义　本案是制止侵害技术秘密行为的典型案例。侵害技术秘密案件审理过程中，技术秘密不为公众所知悉的特征，使技术秘密内容的查明问题一直成为司法实践中的难点。本案中，人民法院明确了权利人所主张的构成技术秘密的技术方案可以是在多份不同技术文件中记载的不为公众所知悉的技术信息的基础上加以合理总结、概括与提炼的技术方案。本案裁判对于合理分配侵害技术秘密案件的举证责任、切实提高对技术秘密合法权益的司法保护力度具有示范意义。

律师分析 技术秘密事实的查明，是侵害技术秘密类案件正确适用法律并公正裁判的基础。技术秘密的权利范围划定和内容查明是一项复杂且艰巨的工作。相比之下，专利保护的技术方案是具体且明确的，有专利文件并以具体技术特征体现完整方案。而技术秘密可以是一项完整的技术方案，也可以是完整的技术方案中的一个或若干个相对独立的技术要点共同作用的，即使每个技术要点可能均处于公开状态，但只要其组合后形成的技术方案是不为公众所普遍知悉和容易获得的即可。企业经过合理总结、概括与提炼出技术要点进而确定权利保护范围形成的具有竞争优势的技术方案，即有可能成为技术秘密而获得保护。此外，即使仅有一个或几个技术要点处于秘密状态，也需要考虑这些技术要点对于整个技术方案的贡献率，从整体技术方案的角度来判断是否存在技术秘密。因此，技术秘密保护范围的查明工作比其他商业秘密的难度更大。

---

* 苏礼墩律师，福建旭丰律师事务所高级合伙人，最高人民检察院民事行政咨询专家，厦门、福州、漳州仲裁委员会仲裁委员，福建省律师协会建设施工专

业委员会副主任,厦门市律师协会破产重组专业委员会副主任,厦门市知识产权协会律师专业委员会副主任。

** 罗淞律师,福州大学法学院法律硕士,福建旭丰律师事务所专利代理师,福建旭丰律师事务所网络与电子商务业务部副主任,厦门市优秀青年律师人才信息库入库律师,厦门市中级人民法院特邀调解员,思明区人民法院特邀调解员,厦门市知识产权协会知识产权律师专业委员会委员。

032

影视作品中的著作权问题

FM99.6 厦门综合广播《新闻招手停》第 122 期

主持人：海蕾

主讲人：陈力律师*、林培勋律师**

热点问题发现

探寻社会中关注度高的热点问题

1. 谁才是影视作品著作权人？
2. 影视作品著作权都包含哪些内容？
3. 影视作品著作权的归属原则。
4. 影视作品著作权的侵权责任。

常见问题解答

一问一答为常见法律问题提供指南

问 谁才是影视作品的著作权人？

答 很多人可能认为，编剧、导演、摄影、作词、作曲等工作人员在影视作品的制作中都付出了创作性劳动，应该都属于影视作品的著作权人。但是由于影视作品本身和制作过程的特殊性，我国《著作权法》第17条特别规定，影视作品的著作权属于制作者。从上面的规定可以看出，电影、电视剧作品的著作权仅由制作者享有，通常是“出品人”和“联合出品人”，具体还需根据合同约定来确定。又因为影视作品是一种特殊的演绎作品和合作作品，为了平衡各方的权益，《著作权法》在规定影视作品著作权属于制作者的同时，也认可了编剧、导演、摄影、作词、作曲等作者的身份，承认他们在影视作品中所付出的创作性劳动，他们依法享有署名权和获得合同报酬的权利。所以，根据法律规定，只有影视作品的制作者才是影视作品的著作权人。

问 影视作品著作权都包含哪些内容？

答 根据《著作权法》第10条的规定，著作权一共有17项，可归纳为两种类型，一种是人身权，另一种是财产权。前4项对应人身权：发表权、署名权、修改权、保护作品完整权。第5项至第16项对应财产权：复制权、发行权、出租权、展览权、表演权、放映权、广播权、信息网络传播权、摄制权、改编权、翻译权、汇编权,一共 12 项权利。最后第 17 项规定的“应当由著作权人享有的其他权利”属于兜底条款,囊括一切未尽事宜。

人身权方面,实践中应用较多的是前三项。首先是发表权,也就是决定影视作品是否公之于众的权利。举一个耳熟能详的影片,《无问西东》本来是为清华大学百年校庆而拍摄,但由于对内容的认真执着以及其他各种原因,影片拍摄完成 7 年后才打磨修改完毕和观众见面。在档期选定上,最大的投资公司企鹅影视,选择了在贺岁档和春节档之间的相对不太热的 2018 年 1 月 12 日上映。作为“定制片”又偏文艺类型,刚上映时不被看好,排片率很低,但是凭借观众的口碑“逆袭成功”,最终完成 7.88 亿元的票房。这里对上映档期选择的权利就是我们所说的电影发表权。

其次,署名权是表明作者身份,在作品上署名的权利。一方面,电影作为文学艺术作品,为之付出劳动、投入金钱的人,有要求在自己的作品上署上自己名字的权利。另一方面,在一定意义上,在电影片尾署上名字,也相当于告诉社会上其他人,这个产品是我做的,有什么问题找我来说,从这个角度看也是一种义务。再一个是修改权,修改权是著作权的内容之一,也归属于制作者。而在拍摄影视作品过程中,编剧可以不断打磨、修改剧本,导演可以 NG 无数次,这些都是拍摄影视作品的正常操作,但都不是著作权法意义上的修改权。修改权是影视作品完成后谁有权来修改的问题，权利只能归属于制作者，也就是出品单位。

财产权方面，在信息网络时代最为常见的有信息网络传播权，是指以有线或无线方式向公众提供、使公众可以在选定的时间和地点获得作品的权利。它是影视作品权利人的著作权在网络时代的一种权利扩张，其实质是权利人享有的以网络方式向公众传播影视作品的权利，权利人有权以网络方式使用影视作品，或者通过许可他人以网络方式使用影视作品来获得相应报酬。在爱奇艺诉字节跳动侵害《延禧攻略》信息网络传播案中，法院对网络服务提供者的注意义务、算法推荐的侵权注意义务等作出明确认定。所以广大网络服务提供者还需更加提高著作权侵权注意义务。

问 著作权的权利归属通常是怎么去认定的？

答《著作权法》第 11 条规定了著作权原则上属于作者，本法另有规定的除外。这里所说的另有规定就是《著作权法》第 17 条，将视听作品中的电影作品、电视作品的著作权归属赋予了制作者。正如前文所述，影视作品是一种特殊的合作作品，在创作过程中，仅凭一人之力难以完成。而且在影视作品制作中，制作者往往要投入巨额资金并承担巨大的商业风险，这些都是其他作者（如编剧、导演、摄影等）无法做到的。所以在法律规定的层面，对于电影作品和电视剧作品的著作权应当归属于制作者。《著作权法》第 17 条第 2 款规定，前款规定以外的视听作品的著作权归属由当事人约定;没有约定或者约定不明确的,由制作者享有,但作者享有署名权和获得报酬的权利。可见,总体而言,除了电影作品和电视剧作品以外的视听作品,其著作权的归属有约定的先依据约定进行确认,在没有约定或者约定不明的情形下,再由制作者享有。

问 什么行为是属于侵犯影视作品著作权的行为?

答 影视作品著作权侵权行为的种类,根据被侵犯的权力内容可以分为侵犯著作人身权和著作财产权的侵权行为。以下我们简单梳理各类侵权行为一般表现。在发表权上,影视作品的发表权通常由制作者享有和行使,如果未经影视作品制作者或者著作权人的许可,擅自将影视作品公之于众,即构成对影视作品著作权人发表权的侵犯。在署名权上,通常表现为在影视作品中没有对编剧、导演、摄影、词曲作者等权利人进行署名,或者在使用影视作品时,擅自改变署名,即构成对署名权的侵犯。在修改权、保护作品完整权上,同样也是未经制作者或著作权人的许可,擅自改动内容、歪曲篡改作品所表达的思想内容,即构成侵权。

在影视作品著作财产权方面,主要也体现在是否经过制作者或著作权人的许可而复制、发行、放映、广播等。以上介绍的主要是常见的、直接的侵权行为,实践中也存在大量的影视作品间接侵权。主要表现为直接侵犯影视作品著作权、但实施了故意帮助、教唆、诱导他人实施侵害影视作品著作权的行为,且该行为损害了影视作品著作权人的合法权益。例如,为他人提供放映侵权影视作品的场地、为他人提供侵权播影视作品的网络服务，那么场地提供者和网络服务提供者的行为就构成了间接侵权。

问 实践中法院通常会怎么去判定构成侵权？

答 这个问题相对比较复杂，除要符合一般侵权的几个构成要件之外，由于侵权作品和权利人作品往往存在共同之处，法院通常会着重考察被控侵权作品与权利人的作品之间是否存在“实质相似性”。司法实践中，法院通常会采用两种方法：一种是“整体观感法”，也称为“整体比对法”；另一种是“抽象分离法”，或者称为“部分比较法”。第一种是以普通观察者对作品整体上的内在感受来确定两部作品之间是否构成实质性相似；第二种通过抽象的手段将作品中的思想事实或通用元素等不受保护的部分予以分离，与作品中受保护的部分进行对比，从而判定两部作品是否构成实质性相似。具体而言，如果被控侵权作品中包含足够具体的表达，并且这种紧密贯穿的情节设置在被控侵权作品中达到一定的数量、比例，可以认定构成实质性相似；或者被诉侵权作品中包含的紧密贯穿的情节设置已经占到了权利作品足够的比例，即使其在被诉侵权作品中所占比例不大，也足以使受众感知到来源于特定作品时，也可以认定构成实质性相似。

典型案例分析

以案说法为纠纷处理提供具体的参考

案件名称：最高人民法院发布电影知识产权保护典型案例之四：余某竹与浙江东阳美拉传媒有限公司等著作权权属、侵权纠纷案

案号：(2018)川01民初1122号

审理法院：四川省成都市中级人民法院

基本案情 余某竹以笔名余某可在网站上发表其创作的小说《盛开的野百合》，并将该小说改编为同名剧本发送给峨眉电影集团有限公司。此后，浙江东阳美拉传媒有限公司委托他人创作《芳华》电影剧本，与华谊兄弟电影有限公司等联合制作的同名电影上映。余某竹认为《芳华》电影在情节设置、人物关系、台词、歌舞组合上与其小说、剧本高度重合，构成实质性相似，已超越合理借鉴边界，构成对其改编权、摄制权的侵害，浙江东阳美拉传媒有限公司等作为《芳华》电影出品方共同实施了侵权行为。

法院观点 法院认为，《芳华》电影与余某竹作品在具体题材、故事脉络、主题上均存在明显差异。就作品情节而言，余某竹主张的多个雷同情节系

客观事实和有限表达，不具有独创性，不应予以保护。余某竹所主张的诉争情节及其包含的台词、人物关系与《芳华》电影存在明显差异，读者和观众对其不会产生相似的体验，不构成实质性相似。

裁判结果 一审判决驳回余某竹的全部诉讼请求。二审判决驳回上诉，维持原判。

律师分析 法院在说理部分运用了有限表达原则和事实本身不受著作权法保护的原则。所谓“有限表达”是指对某种“思想”只有一种或极其有限的表达，此时若对该表达给予著作权保护，则不利于著作权法鼓励创作和传播，促进社会主义文化和科学事业的发展与繁荣的立法本意。客观事实同样不受著作权法保护的原因在于，客观事实一旦发生就不再受人类思想创作影响。本案判决明确了客观事实和有限表达不具有独创性，不受著作权法保护，在侵权比对时应当对其进行过滤。判决还明确了认定电影作品是否侵权时正确的比对内容和比对方法，依法保护了电影作品著作权人的合法权益。

---

* 陈力律师，厦门大学法律硕士，主修知识产权方向，具有财会、法律复合背景。专业领域：民商法、知识产权法、劳动法等。

** 林培勋律师，厦门大学法律硕士，研究生主财税法方向。执业领域：各类民商事争议解决，金融监管、市场监管等政府法律服务。

Part Seven

第七编 合同

7

033

合同的“生老病死”

FM99.6 厦门综合广播《新闻招手停》第126期

主持人：海蕾

主讲人：刘龙祥律师*、周慧律师**

热点问题发现

探寻社会中关注度高的热点问题

1. 合同需要什么必备要素？
2. 合同什么情形下可以变更，如何变更？
3. 违约后如何追索赔偿？
4. 对方不履行合同，怎么解除合同？

常见问题解答

一问一答为常见法律问题提供指南

问 合同包括什么形式？

答 合同订立的形式，包括书面、口头以及其他形式。其中，书面形式在传统意义上指的是合同书、信件、电报、传真等可以有形地表现所载内容的形式。随着社会的发展、生活方式的变革，以电子数据交换、电子邮件等方式亦能够有形地表现所载内容，并可以随时调取查用数据电文，也视为书面形式。

问 合同需要什么必备要素？

答 合同的必备条款是标的和数量。其中，合同标的指的是合同的当事人之间的权利义务共同指向的对象，是合同法律关系的客体。合同标的在合同中必须明确写明，如果没有写明合同标的，合同不能成立。在形式上，合同标的可能是物、行为、智力成果。合同的另一个必备条款是数量，关于数量的约定，要注意把握计量方法和计量单位。《民法典》第470条也规定了合同一般包括的条款。例如，准确写明当事人的姓名或者名称。当事人是个人的，合同中的姓名要和身份证上的姓名保持一致，为了避免重名带来的麻烦，最好列明身份证号。当事人是单位的，则要比对营业执照，写上完整的单位全称，不要写简称。

问 合同对交易货物的质量、履行及价款约定不明时怎么处理？

答《民法典》第510条对此作了规定：合同生效后，当事人就质量、价款或者报酬、履行地点等内容没有约定或者约定不明确的，可以协议补充。以我们日常中比较常见的买卖合同为例，除了买卖合同本身，经常能见到类似质量保证协议、报价函等专门拟定的补充协议。另外，这一条款的后半段同时规定了，不能达成补充协议的，按照合同相关条款或者交易习惯确定。

问 合同在什么情形下可以变更，如何变更？

答 如果在合同履行的过程中，合同的数量、质量、履行地点、履行期限、履行方式、价款或者报酬发生了变化，合同当事人一定要及时沟通协商，就新出现的情况重新签订合同，或者单就发生变化的内容签订新的补充协议。关于合同的变更，《民法典》第544条规定，"当事人对合同变更的内容约定不明确的，推定为未变更"。这条规定也被称为"合同变更禁止推定"，它是指当事人变更合同的意思表示须以明示方式为之，在当事人未以明示方式约定合同变更的，禁止适用推定规则推定当事人有变更合同的意愿。禁止推定规则实际上是要求当事人在变更合同时必须以明示的方式作出。

问 违约后如何追索赔偿？

答《民法典》合同编第八章是对违约责任的专章规定。第577条规定：

“当事人一方不履行合同义务或者履行合同义务不符合约定的，应当承担继续履行、采取补救措施或者赔偿损失等违约责任。”原则上追索赔偿可以通过诉讼、仲裁等途径进行。

问 赔偿损失的标准是否需要事先约定？

答 不一定。违约的赔偿损失包括法定和约定两种。约定的赔偿损失，《民法典》第585条规定了对违约金的约定可以直接约定一定数额，也可以约定具体的计算方法。需要注意的是，对违约金的约定应当合理，一般应当以对债权人造成的损失为基准。《民法典》第584条规定，违约损失赔偿额的确定，应当依据的是实际损失和可得利益。实际损失是指因违约而导致现有利益的减少，是现实利益的损失。可得利益是指受害方在合同履行后本可以获得的，但因对方违约而无法获得的利益。

问 合同解除有哪些类型？

答 解除合同的类型包括约定解除、法定解除。

约定解除包括两种情形。第一种是协商解除，是指在合同有效成立后，尚未履行完毕前，当事人就解除合同协商一致的，就可以解除合同。第二种是当事人事先约定可以解除合同的事由，当该事由发生时，有解除权的一方可以解除合同。

法定解除是指在合同签订后，在没有履行或没有履行完毕前，当事人直接依据法律规定要求解除合同关系的行为。在出现法定事由的情形下，是否解除，由享有解除权一方根据实际情况自行判断。

问 对方不履行合同，怎么解除合同？

答 合同原则上不会自动解除，即使出现法定的解除情形，也需要当事人通知对方，才会发生合同解除的效果。具体来说，可以通过以下方式解除合同。第一种是拥有解除权的一方当事人可以直接向对方当事人发送解除合同的通知，合同自通知到达对方时解除。第二种是当事人通过协商一致，签订书面的解除协议，从而解除合同。这两种方式相比，采取签订书面解除协议的方式来解除合同，是更值得得励的方式。这种方式成本低、效率高，双方达成了解除合同的合意，留有后患的风险小很多。第三种方式是直接以起诉或申请仲裁的方式主张解除合同，法院或仲裁机构确认该主张的，合同自起诉状副本或者仲裁申请书副本送达对方时解除。

典型案例分析

以案说法为纠纷处理提供具体的参考

案件名称：李某与王某琴房屋买卖合同纠纷案

案号：(2018)京0107民初26834号、

(2014)一中民终字第9807号

案例来源：中国裁判文书网

基本案情　2002年，李某与王某琴签订了房屋买卖协议，约定将李某位于北京市石景山区的一套房产出售给王某琴，并约定在国家政策允许的情况下办理过户手续。房屋买卖协议签订后李某与王某琴依约支付房款并办理了交房手续，但一直未能办理产权变更手续。2014年，李某诉至法院，要求法院判令解除李某与王某琴于2002年签订的房屋买卖协议，理由有三：(1)《国务院办公厅关于进一步做好房地产市场调控工作有关问题的通知》(国办发〔2011〕1号)明确规定对已拥有2套及以上住房的当地户籍居民家庭不能再购房，由于国家政策发生重大变化即法律上的情势变更，导致李某无法再购房，要求与王某琴解除房屋买卖协议符合法律规定；(2)多年来涉案房屋无法过户，无法实现合同的根本目的，双方曾于2010年达成调解，3年后无法办理过户手续的，房屋买卖协议将解除；(3)王某琴违反房屋买卖协议，自2008年至2013年一直未交取暖费，构成违约。王某琴答辩称：(1)案涉房屋是否办理过户并不影响李某再次购房；(2)3年前达成的一致是3年后按国家政策行使；(3)未交取暖费是因李某未出示取暖费凭证且事实上单位一直没有收取取暖费，之前交的取暖费应该退回；(4)双方签订合同的目的是因为当时李某需要钱，王某琴需要房子，合同目的已经实现，合同签订时没有约定过户时限，说明已经预见过户的时间不确定，过户仍可实现。

法院观点　一审法院经审理认为，双方房屋买卖协议中并未明确约定过户时间,而是约定“在国家政策允许的情况下,双方即到房产交易管理机关办理过户更名手续”,由此可见双方对合同过户时间的不确定性是有预期的。且本案中,李某主张〔2011〕1 号通知的出台影响其另购房屋,李某作为出卖人,无论该影响是否成立均不影响本案协议的履行,且该通知并不必然导致双方无履约能力或继续履行协议对一方当事人显失公平,不属于情势变更。另外,目前诉争房屋为不宜上市出售住宅,可在原产权单位职工范围内进行交易,不支持李某关于合同目的不能实现的抗辩理由。根据 2010 年的谈话笔录无法认定双方达成 3 年后解除协议的约定,房屋买卖协议也未约定将未交供暖费作为解除合同的理由。

裁判结果 一审法院判决驳回李某起诉。后李某不服一审判决,提起上诉,二审法院驳回上诉,维持原判。

律师分析 本案的焦点问题在于:房屋买卖合同当事人能否以国家出台的房屋限购政策构成情势变更为由主张解除合同?

“情势变更”原则最早出自 2009 年《最高人民法院关于适用〈中华人民共和国合同法〉若干问题的解释(二)》第 26 条的规定:合同成立以后客观情况发生了当事人在订立合同时无法预见的、非不可抗力造成的不属于商业风险的重大变化,继续履行合同对于一方当事人明显不公平或者不能实现合同目的,当事人请求人民法院变更或者解除合同的,人民法院应当根据公平原则,并结合案件的实际情况确定是否变更或者解除。可见,构成“情势变更”至少需要满足两个实质要件:(1)当事人在订立合同时无法预见;(2)继续履行合同对于一方当事人明显不公平或者不能实现合同目的。而这两个要件并无客观评判标准,因此,并没有一般意义上的情势变更原则之适用标准,而应根据具体案情展开实质性分析。

判断当事人对政策变动是否有预见,应将其置于具体合同条款下来看。当事人对于政策风险的明确约定、对履约期限或者履约方式的明确或模糊的处理,以及对于违约责任的约定,都可以帮助判断当事人是否预见到未来的政策风险。如本案中,房屋买卖协议并未明确具体的房屋过户时限,而是约定“在国家政策允许的情况下,双方即到房产交易管理机关办理过户更名手续”,法院即以此认定李方对于房屋过户的不确定性已有预期。

此外,购房政策上的变化能否构成情势变更还应结合购房合同签订的时间、调控政策出台的时间以及调控政策对购房合同履行受阻产生的实质性影响等进行分析。国家政策往往具有延续性与持续性,并非一概不可预知,而是一个逐步发展的过程,2009年《最高人民法院关于当前形势下审理民商事合同纠纷案件中若干问题的指导意见》也明确,法院应严格审查当事人提出的“无法预见”的主张,慎重适用情势变更原则。

还需注意的是,即使适用情势变更原则解除房屋买卖合同,也并非简单地豁免债务人的义务而使债权人承受不利后果,法院仍会遵循侧重于保护守约方的原则,公平合理地调整双方利益关系。

* 刘龙祥律师，执业律师，执业以来处理过多类诉讼案件，并为多个单位提供法律咨询及法律服务。

** 周慧律师，北京师范大学硕士。主要执业领域：合同纠纷、公司法、劳动争议、金融等。

034

民法典时代“承租人视角下的租房注意事项”

FM99.6 厦门综合广播《新闻招手停》第 83 期

主持人：海蕾

主讲人：林铮铮律师*、邱碧婷律师**

热点问题发现

探寻社会中关注度高的热点问题

1. 签订房屋租赁合同时有哪些事项需要特别注意？
2. 何为“不定期租赁”？
3. 当承租的房屋遇到拆迁时，承租人如何维护自身权益？
4. 何为“买卖不破租赁”、何为优先承租权？

常见问题解答

一问一答为常见法律问题提供指南

问 租房一定要签订书面合同吗？

答 租房不一定要签订书面合同。但是，为了租赁的便利，同时保障交易的安全，建议签署书面合同。《民法典》第707条规定，“租赁期限在六个月以上的，应当采用书面形式”。这样规定是因为租赁期限比较短的一般租金较少，发生纠纷比较容易解决，不签署书面合同可能造成的风险较小；但是租赁期限比较长的，租金也比较多，引发纠纷可能相对较难解决，如果通过书面形式确定双方的租赁关系，在发生争议时，双方的权利义务及各自的责任承担就有了明确依据。我们建议不论租期长短，都应该签署书面的合同，这样有利于维护当事人的合法权益，快速妥善解决纠纷。

问 签订房屋租赁合同时有哪些事项需要特别注意？

答 从承租人的角度来说，签订房屋租赁合同时，首先要注意出租人是否有权出租该房屋。在签合同前，要求出租人也就是房东出示与房屋相关的权属证书或者证明文件，如房产证、购房合同、身份证件；如为“二房东”，应出示与前手的租赁合同并确认合同已约定其有权转租。其次对房屋进行现场勘察、核验，考察清楚房屋的现状，比如房屋中有哪些设施设备，这些设施设备是否运转正常，是否有损坏，水电表是否运行正常、度数是多少。最后在全面了解房屋现状后，与房东签订书面的房屋租赁合同。在合同中对房屋的基本状况、租赁用途、期限、租金、押金、其他费用承担等都进行明确约定；同时，对房屋交付使用、维护、转租、合同终止、违约责任等事宜，也建议尽量在合同中进行明确，这样在发生争议时就可以依合同约定进行处理，避免出现“公说公有理，婆说婆有理”的混沌状态。

问 房屋损坏应由出租人还是承租人进行维修？

答 如果房屋租赁合同对租赁房屋的维修有约定的，应当根据约定来确定房屋的维修责任；在没有约定的情况下，就应当按照法律规定。根据《民法典》第713条的规定，房屋由出租人进行维修。承租人租赁房屋是为了能够正常使用房屋，因此出租人需要保证房屋处于可正常使用的状态，如果房屋的损坏程度已经达到妨碍承租人对房屋的正常使用，出租人应当及时对房屋进行维修。但如果是因承租人自身过错导致房屋损坏的，一般认为需要根据其过错程度来承担维修责任。

问 租赁期间能否将房屋转租给第三方？

答 关于转租，首先还是要看合同中对转租有没有明确的约定，有些合同约定了不得转租或者转租要收取一定金额的手续费，那么就得按照合同约定来。如果合同中对转租没有禁止性约定，也不等于承租人有权转租房屋，此时承租人转租也需要经过出租人同意。《民法典》第716条第

2 款明确规定了“承租人未经出租人同意转租的，出租人可以解除合同”。所以，在合同没有明确约定可以转租的情形下，转租要经过出租人同意，否则出租人有权直接解除与承租人的租赁合同。

但就房屋转租问题还应特别注意的是，《民法典》第 718 条规定，“出租人知道或者应当知道承租人转租，但是在六个月内未提出异议的，视为出租人同意转租”。也就是说，出租人明知承租人进行了转租，在知道或应当知道之日起 6 个月内没有提出异议的，就视为他同意承租人转租了。

问 提前退租是否需要承担违约责任?

答 提前退租是否需要承担违约责任，也要根据是否符合法定或者约定的情形来判断。如果符合法定或者约定的条件，比如房屋权属有争议、房屋被司法机关或者行政机关依法查封、符合合同约定的提前退租条件的，承租人可以依法或者依约解除合同而不承担违约责任；如果不符合法定或者约定的条件，承租人擅自解除租赁合同、提前退租的，应当按照合同约定或者法律规定承担违约责任，出租人也可以要求赔偿损失。

问 租赁合同到期未续签，承租人继续使用房屋并交纳租金，如何认定租赁关系?

答 此情形其实是成立了不定期租赁关系，根据《民法典》第 734 条第 1 款规定：“租赁期限届满，承租人继续使用租赁物，出租人没有提出异议的,原租赁合同继续有效但租赁期限为不定期。”也就是说,承租人和出租人可以继续按照原合同约定的条件履行,只是租赁期限条款发生了变化,由原来的固定期限变成了不定期,双方成立不定期租赁关系。与定期租赁关系有所不同,在不定期租赁关系中,不论是承租人还是出租人,在给另一方合理期限后,都是可以随时解除租赁关系的。

问 租赁终止的装修损失由哪方承担?

答 房屋租赁中特别是经营性房屋承租,通常需要对房屋进行装修,房屋装修需要经过出租人同意,如果没有经过出租人同意就进行装修,租赁终止后出租人可以要求承租人恢复原状或者赔偿损失。

如果装修经过出租人同意,那么对于装修损失有约定的,依据当事人的约定处理。在对装修损失没有约定的情况下,如果租赁期限正常届满,出租人无须对承租人进行补偿;如果租赁关系提前终止,就需要依据违约情况来进行区分:(1)出租人违约的,承租人可以要求出租人赔偿剩余租期内的装修损失;(2)承租人违约的,不能要求出租人赔偿损失;(3)双方违约的,各自根据过错承担相应的违约责任;(4)如果是因为不可归责于双方的原因导致合同解除的,损失就需要根据公平原则来进行分担。

问 当租赁房屋遇到拆迁时,承租人如何维护自身权益?

答 首先,对于可能存在拆迁情况的房屋,我们建议在签订房屋租赁合同时,就对房屋拆迁补偿权益进行明确约定,有效地避免纠纷的产生。

如果双方没有在房屋租赁合同中对房屋拆迁补偿权益的分配进行约定的，那么从承租人的角度来讲，承租人应当积极地与房屋所有权人协商拆迁补偿款项的分配，并积极与房屋征收部门等进行沟通，关注拆迁进展，配合房屋征收部门、评估机构等对补偿项目进行评估，并提交拆迁补偿认定所需要的相关材料。如果确实无法与房屋所有权人就拆迁补偿达成一致意见，则可以通过诉讼的途径向房屋所有权人主张权利；承租人可以在房屋所有权人获得拆迁补偿款之后，基于房屋租赁合同向房屋所有权人提起诉讼，要求房屋所有权人支付相应的拆迁补偿款。

问 我们经常听到房东因为要卖房要求租客提前退租的，这种情况怎么处理？

答 这时候就可以适用“买卖不破租赁”的制度。《民法典》第 725 条规定，租赁物在承租人按照租赁合同占有期限内发生所有权变动的，不影响租赁合同的效力。“买卖不破租赁”是一项重要的民事法律规则，具体是指在租赁期间，房屋被出售给了第三方，第三方作为新的房屋所有权人也应当继续履行租赁合同，房屋的买卖关系不能消灭房屋的租赁关系，此时承租人和新的房屋所有权人形成了新的租赁关系，承租人向新的房屋所有权人缴纳房租、继续使用房屋是有法可依的。

但是需要特别提醒的是，“买卖不破租赁”的前提是租赁在前、买卖在后，法律保护的是已经产生在先的权利。如果房屋在出租前，就已经存在被抵押给银行或被法院查封等情况的，因为被抵押、被查封在前，租赁在后，所以在后的租赁权利就无法对抗在先的权利，基于优先保护在先的权利原则，此时不再适用“买卖不破租赁”的规则。

问 如果合同到期之后租客还想继续承租房屋，是不是比其他人要更优先？

答 承租人在同等条件下更优先，这就是承租人的优先承租权。《民法典》第 734 条第 2 款明确规定：“租赁期限届满，房屋承租人享有以同等条件优先承租的权利。”所以在租赁期限届满后，出租人继续出租房屋的，只要承租人愿意以同等条件继续租赁，出租人都不能拒绝。

---

* 林铮铮律师，福建旭丰律师事务所第一党支部书记、第九届厦门市律师协会公益法律服务委员会委员、律所证券与资本市场部副主任，律所青年律师工作委员会副主任；第三届福建青年律师辩论大赛厦门代表队成员、第三届福建青年律师辩论大赛“亚军”及“最佳风采奖”、首届厦门市青年律师辩论赛“季军”及“最佳辩手”、第三届福建青年律师辩论大赛厦门选拔赛“最佳风采奖”；主要从事民商事领域的法律事务，包括合同、建设工程、房地产、侵权、劳动等在内的诉讼业务及公司设立、收购、债券发行、法律风险控制、企业破产清算等非诉法律业务。

** 邱碧婷律师，福建旭丰律师事务所专职律师，房地产专业委员会、公司法专业委员会委员、厦门市思明法院法援咨询律师;曾为厦门市某地方法规、规范性文件立法调研项目提供过法律服务,现为厦门国际邮轮母港集团、厦门道诣堂、厦门隐庐文化等企业常年法律顾问。主要执业领域为民商事法律事务,专注于解决文体产业纠纷、电商领域纠纷、地产建工纠纷、劳动人事纠纷等。

Part Eight

第八编 消费、旅游

8

035

消费者网购如何维护自己的合法权益

FM99.6 厦门综合广播《新闻招手停》第90期

主持人：海蕾

主讲人：蔡甄如律师*、吴思娴律师**

热点问题发现

探寻社会中关注度高的热点问题

1. 好不容易抢到的促销商品被商家擅自"砍单"合法吗？
2. 预售订单的定金能退吗？
3. 是不是所有商品都适用"七天无理由"退货？
4. 网购中的"麻烦事"有哪些解决渠道？

常见问题解答

一问一答为常见法律问题提供指南

问 促销商品被商家擅自“砍单”合法吗？

答 砍单行为常见的套路是：消费者在商品促销或者直播间秒杀时抢购下单后，商家却久久不发货。待消费者多次询问、催促时，商家才提出库存不足、无法发货，让消费者直接退款取消订单。结果不久后，消费者发现当时因库存不足而取消订单的商品又重新上架了，但当时的折扣却没了，消费者如果还想要购买，就只能支付更高的价格。关于商家恶意“砍单”的行为是否合法及可能承担的责任，可以通过北京市互联网法院曾发布的一个典型案例来予以分析。在该案例中，李先生在双十一购物节抢购了一套茶具，但自下单付款后的 8 个月中，他多次询问商家发货情况，商家每次都答复“月底发货”，并用各种理由表示需要延迟发货，甚至还建议李先生申请退款，在李先生坚持要求发货后，商家提出要李先生补拍差价链接才能继续发货，李先生遂起诉商家。法院经审理认为，发货是卖家在购物合同中的基本义务，但是本案的商家没办法提交证据证明存在合理的迟延发货理由，且在很长的一段时间内既不履行发货义务，也不主动与消费者沟通。最终法院认定商家在订单的履行过程中存在欺诈，判决商家按照订单价款的三倍赔偿李先生，且需继续履行发货义务。

问 网购中的买卖合同是何时成立的？

答 当消费者在网购平台选择商品并且成功提交订单时，就已经在法律意义上成立了一份电子合同。这里涉及电子买卖合同成立的时间问题，在《民法典》出台之前，该问题还有一定争议，有观点认为买家点击"提交订单"的行为只是要约，即希望和卖家进一步签订合同的一种意思表示，当商家确认之后，买卖合同才会正式成立。但在《民法典》颁布后，第491条第2款明确规定："当事人一方通过互联网等信息网络发布的商品或者服务信息符合要约条件的，对方选择该商品或者服务并提交订单成功时合同成立，但是当事人另有约定的除外。"因此，在网络平台中订立合同，提交订单的时间就是合同成立的时间，而不是商家的确认或者买家的付款时间。这也就意味着，在没有其他特殊约定的情况下，当买家在网购平台提交订单之后，不需要商家确认，合同就已经成立并生效了。而后续的消费者付款及商家发货，都属于双方具体履行合同的行为。

问 网购物品损坏、丢失的责任由谁承担？

答 根据《民法典》第512条和第604条的相关规定，通过网络购物并且使用快递物流方式交付的商品，收货人的签收时间是交付时间。在交付之前产生的损坏、丢失的风险由商家承担，交付之后相应的风险就转为由消费者自己承担。

问 预售订单的定金能退吗？

答《民法典》第587条对此有明确规定，但要分两种情况讨论。如果商家在商品缺货的情况下还拒绝了消费者退款要求，则是一种违约行为，在这种情况下，商家应当向消费者双倍退还定金。但如果是消费者因为自己不想购买，或者是消费者错过了付尾款的时间而要求退款，因为消费者在付定金之前已经同意了“定金不退”的规定，这种情况下商家有权拒绝退还定金。

问 所有商品都适用“七天无理由”退货吗？

答《消费者权益保护法》第25条明确规定了“4+1”种不可以适用无理由退货的商品，分别是消费者定作的商品；鲜活易腐的商品；在线下载或者消费者已经拆封的音像制品、计算机软件等数字化商品；交付的报纸、期刊，以及其他根据商品性质不宜退货并经消费者在购买的时候确认不宜退货的商品。

问 如何理解“根据商品性质不宜退货”？

答《网络购买商品七日无理由退货暂行办法》第7条就“什么样的商品性质是不宜退货”的问题明确列举了三项：一是拆封之后容易影响人身安全或者生命健康、容易导致商品的品质变化的，如零食、饮料；二是一旦经过激活或者试用后贬值幅度很大的商品，如手机、电脑等电子产品；三是商家在销售的时候就已经明确告诉消费者商品已经快到保质期了或者是商品有瑕疵的情况。

问 商品拆封后还能退货吗?

答 根据《网络购买商品七日无理由退货暂行办法》第8条的规定,"消费者退回的商品应当完好","完好"意味这个商品还能够保持原本的品质、功能,而且商品本身、配件、商标标识是齐全的。另外《最高人民法院关于为促进消费提供司法服务和保障的意见》也有明确,如果消费者是为了要检查商品而拆封商品,而且拆完了之后也符合商品还是"完好"状态的情况下,可以退货。

典型案例分析

以案说法为纠纷处理提供具体的参考

案件名称:沈某某诉雅佳百货店信息网络买卖合同纠纷案

案号:(2022)浙0192民初2837号

审理法院:杭州互联网法院

案例来源:杭州互联网法院网站

基本案情 2022年2月16日,沈某某通过网络购物平台在雅佳百货店经营的店铺购买了16个花瓶。2月20日,快递送达给收货人。2月

26 日，沈某某就涉案商品全部发起了退货退款申请。3 月 1 日，雅佳百货店收到货后，以退回的货品已经影响使用为由拒绝退款，同时附上验货照片及视频。照片及视频显示，随机拆开的多个花瓶留存有水渍。庭审中，沈某某自认其为婚庆公司工作人员，其为婚礼中装水并插花而购买涉案花瓶，花瓶确实在婚礼中使用过，但花瓶现在质量没有问题，符合商品完好的要求，且在七日内申请退款，要求按照“七日无理由退货”规则退货，并由雅佳百货店承担退货运费。

法院观点 根据《消费者权益保护法》第 25 条的规定，消费者退货的商品应当完好。本案中，沈某某虽然在收货后七日内申请退货，但根据雅佳百货店提交的查验退货快递的照片及视频显示，退货的涉案产品普遍留存有水渍；庭审中，沈某某亦自认存在婚礼中对花瓶装水并插花的使用行为。对此，应认定涉案花瓶在婚礼中装水并插花使用并非“因检查商品的必要进行拆封查验”，属于超出查验和确认商品品质、功能需要而使用商品，势必影响二次销售，导致商品价值贬损较大，应视为商品不完好，故沈某某的退货主张不符合《消费者权益保护法》关于七日无理由退货的规定。

裁判结果 驳回沈某某的全部诉讼请求。

律师分析 本案的争议焦点在于能否适用七日无理由退货规则。

1. 除特定商品外，消费者使用网络等方式购买商品的，有权自收到商品之日起七日内无理由退货。根据《消费者权益保护法》第25条的规定，除消费者定作的、鲜活易腐的、交付的报纸、期刊等特定商品外，经营者采用网络、电视、电话、邮购等方式销售商品，消费者有权自收到商品之日起七日内退货，且无须说明理由，但消费者退货的商品应当完好。

2. 消费者退货商品完好的认定标准。根据《网络购买商品七日无理由退货暂行办法》第8条第2款、第3款及第9条的规定，商品能够保持原有品质、功能，商品本身、配件、商标标识齐全的，视为商品完好。消费者基于查验需要而打开商品包装，或者为确认商品的品质、功能而进行合理的调试不影响商品的完好。对超出查验和确认商品品质、功能需要而使用商品，导致商品价值贬损较大的，视为商品不完好。

本案中，沈某某将涉案花瓶装水、插花并使用于婚礼过程中，不属于前述规定的对花瓶的“查验”或者“调试”的行为，而是一种使用花瓶的行为，应当认定为构成《网络购买商品七日无理由退货暂行办法》第9条规定的“超出查验和确认商品品质、功能需要而使用商品”，应当视为商品不完好。

---

*　蔡甄如律师，毕业于华东政法大学，福建旭丰律师事务所金融业务部、行政与政府法律顾问业务部委员。

**　吴思娴律师，毕业于厦门大学法学院，福建旭丰律师事务所民事业务部、行政与政府法律顾问业务部委员。

036

狂热“医美”需冷静，谈谈医疗美容纠纷那些事儿

FM99.6 厦门综合广播《新闻招手停》第 86 期

主持人：海蕾

主讲人：张诗荣律师*、王俊美律师**

热点问题发现

探寻社会中关注度高的热点问题

1. 什么是“医美”？
2. 造成医疗美容纠纷的主要诱因是什么？
3. 《民法典》中关于医疗美容纠纷有什么具体规定吗？
4. 如何判定你所选择的医美服务机构是否为合法的服务机构？
5. 医美服务机构如何做好自身风险防控？

常见问题解答

一问一答为常见法律问题提供指南

问 什么是“医美”？

答 根据《医疗美容服务管理办法》第2条的规定，医疗美容是指运用手术、药物、医疗器械以及其他具有创伤性或者侵入性的医学技术方法对人的容貌和人体各部位形态进行的修复与再塑。比如热玛吉、水光针、抽脂、去眼袋、激光治疗、埋线、清除文身等。而“生活美容”则是指非侵入性的美容护理，比如皮肤清洁、保养、按摩等。

医疗美容服务机构，必须经卫生行政部门登记注册并获得《医疗机构执业许可证》后方可开展执业活动，医疗美容的主诊医师也必须受《医师法》等相关法律法规的约束，因此，医疗美容活动属于医疗活动，受到医疗相关法律法规规范管理。

问 造成我国医疗美容纠纷的主要诱因是什么？

答 引发我国医疗美容纠纷的主要原因有以下几个：

1. 虚假宣传。部分医美机构为了追求利润而虚假宣传，称有国内大型医院整容专家、海外整形专家坐诊。

2. 无证行医。现实中，很多自称是“专家”的“医生”都只是通过简单培训后，便开始“无证行医”，比如2022年的“3·15”晚会就曝光了医美速成班的乱象。

3. 定价模糊。许多消费者投诉医美机构定价高低不一，或者不公示项目价格，侵犯了消费者的知情权。

4. 大部分进入医疗美容服务机构的消费者心理预期很高，当医疗美容效果得不到其本人认可时，很容易引发法律纠纷和不良法律后果。

问 对于医疗美容的相关法律问题，《民法典》中有什么具体规定吗？

答 实践中，法院受理的医疗美容诉讼纠纷主要为两类：一类是医疗损害责任纠纷，另一类是医疗服务合同纠纷。

1. 关于医疗损害责任纠纷。根据《民法典》第七编“侵权责任”、第六章“医疗损害责任”第1218条的相关规定，医疗损害责任的归责原则采用过错责任归责原则。即医美消费者在诊疗活动中受到损害，只有在医疗美容服务机构或其医务人员有过错的情况下，才由医疗美容服务机构承担赔偿责任。

2. 关于医疗服务合同纠纷。在《民法典》合同编的相关规定中赋予了当事人充分的选择权。《民法典》第186条规定：因当事人一方的违约行为，损害对方人身权益、财产权益的，受损害方有权选择请求其承担违约责任或者侵权责任。所以，在医美消费者因医疗美容服务机构或医护人员的过错而受到损害时，可以选择请求医疗美容服务机构承担违约责任或者请求承担侵权责任。就具体个案而言，受损害方选择要求对方承担违约责任还是侵权责任，应根据案情而确定，但不同案由，可能会得到不同的诉讼结果。

问 要如何判定医美消费者所选择的医美机构是否为合法的服务机构？

答 首先，看资质。医美消费者到一家医美机构后，可以先看一下悬挂在经营场所的许可证，是否有卫生行政部门批准后核发的《医疗机构执业许可证》。

其次，看人员。负责实施医疗美容项目的主诊医师必须同时具备下列条件：(1)具有执业医师资格，经执业医师注册机关注册。(2)具有从事相关临床学科工作经历。其中，负责实施美容外科项目的应具有6年以上从事美容外科或整形外科等相关专业临床工作经历；负责实施美容牙科项目的应具有5年以上从事美容牙科或口腔科专业临床工作经历；负责实施美容中医科和美容皮肤科项目的应分别具有3年以上从事中医专业和皮肤病专业临床工作经历。(3)经过医疗美容专业培训或进修并合格，或已从事医疗美容临床工作1年以上。(4)省级人民政府卫生行政部门规定的其他条件。

最后，看产品。医美服务机构所提供的医美产品、医美器械应该是取得“国药准字”“械准字”“械备字”的合法产品。

问 医美企业应当怎么做？

答 医美企业应当做好合规化管理。(1)医美服务机构经营范围要合规，聘用符合法律法规等要求的从业人员；(2)严格审核医美广告内容，确保广告内容合法合规；(3)谨慎选择、使用正规医美产品，在日常管理中注意管控医疗器械的进货渠道，保证医疗器械产品可以溯源，以充分保障自身合法权益。

典型案例分析

以案说法为纠纷处理提供具体的参考

案件名称：邹某与某美容诊所侵权责任纠纷案

案号：(2021)京03民终9102号

审理法院：北京第三中级人民法院

案例来源：2022年最高人民法院发布消费者权益保护典型案例

基本案情 邹某曾在某美容诊所实施眼袋整形术，术后其认为自己下睑皮肤松弛，经其了解，得知北京某医美机构主刀医生师出名门，经验丰富，遂于2015年12月来到该美容机构进行了双侧下睑修复术。术后，邹某出现双侧下睑局部凹陷、疤痕畸形、外眼角畸形短小圆钝等症状。此后，邹某先后六次在其他美容机构进行修复，但仍无改善。邹某认为该某美容机构的修复手术对其造成了损害，遂诉至法院要求该机构赔偿其医疗费、误工费、精神损害抚慰金等损失，并要求适用消费者权益保护法三倍赔偿其手术费。

法院观点 首先，本案属于消费型医疗美容纠纷，邹某为健康人士，为满足对美的追求的生活需要而接受美容服务，具有消费者的特征；该美容机构的经营目的为获取利润，具有经营者的特征。消费者为生活消费接受经营者提供服务的，应当受消费者权益保护法调整。经查，该美容机构因发布的医疗广告内容与卫生行政部门审批的广告内容不相符，广告语不真实等虚假宣传行为屡次受到行政处罚，邹某系受到上述广告误导而接受服务。故该某美容机构存在虚假宣传的欺诈行为，应适用消费者权益保护法关于惩罚性赔偿的规定，由该某美容机构三倍赔偿邹某的手术费用。

鉴于该美容机构的诊疗行为存在过错，但术后邹某又在其他医疗美容机构的修复行为确已改变医方的手术结果，以及目前不宜评定伤残等级的情况，一审法院按照80%的比例判令该美容机构给予赔偿，比例过高，遂改判该美容机构按照60%的过错责任比例赔偿邹某各项损失。

裁判结果 (1)该美容机构于判决生效之日起7日内赔偿邹某三倍损失168000元；(2)该美容机构于判决生效之日起7日内赔偿邹某医疗费51138元、营养费810元、护理费3600元、误工费8400元、住宿费3000元、交通费3000元、精神损害抚慰金5000元。

律师分析 本案为典型的因医疗美容虚假宣传和诊疗不规范行为引发的侵权责任纠纷。通过该案的审理，法院充分发挥了司法裁判在社会治理中的规则引领和价值导向作用。

首先，将医疗美容纠纷纳入医疗损害责任纠纷范畴，按照医疗损害责任纠纷的标准审查证据，有助于督促医美机构加强医疗文书制作及保存工作，规范其诊疗活动。

其次，将消费型医疗美容纠纷纳入消费者权益保护法范围并适用惩罚性赔偿的规定，加大对商业欺诈行为的制裁力度，既能对医美机构起到应有的警示作用，预防、震慑其违法行为，也维护了医美市场的诚信和秩序，有利于切实保护消费者合法权益。

因此，对医美消费者们来讲，作为医疗美容纠纷中的相对弱势方，应当在选择医美服务时就谨慎对待。作为医美企业更应当重视企业内部合规化管理，做到自律、健康有序地发展，从而形成自身长久的竞争优势。

---

* 张诗荥律师，中国政法大学学士，福建旭丰律师事务所金融业务部、婚姻家事与财富传承业务部成员。

** 王俊美律师，法学硕士，入选厦门市青年律师领军人才库，福建旭丰律师事务所建设工程业务部、证券与资本市场业务部成员。

037

安全旅行“游”法可依

FM99.6 厦门综合广播《新闻招手停》第 94 期

主持人：海蕾

主讲人：郭亦非律师*、黄扬扬律师**

热点问题发现

探寻社会中关注度高的热点问题

1. 签订旅游合同时有哪些注意事项？
2. 旅游购物出现问题如何维权？
3. 旅游中发生人身、财产损害谁来承担责任？

常见问题解答

一问一答为常见法律问题提供指南

问 在选择旅行社、签订旅游合同时有哪些需要注意的地方？

答 首先，要注意旅行社有无相应的经营资质，有无市场监督管理部门颁发的营业执照、旅游管理部门颁发的旅游资质证明；其次，要注意旅游具体的行程安排和旅行费用的覆盖范围；再次，要注意旅游合同中的具体条款，行程、费用等内容在合同中都要有具体明确的约定，还要特别注意违约责任的部分，哪些情况是属于旅行社免责；最后，要求旅行社在合同上加盖公章，如果是电子合同要保留相关的记录。

问 旅游合同中载明“一概不予退费”等霸王条款该怎么办？

答 旅游合同一般是旅行社提供的格式合同。根据《民法典》“提供格式条款一方不合理地免除或者减轻其责任、加重对方责任、限制对方主要权利”或者“提供格式条款一方排除对方主要权利”的规定，格式条款无效。《消费者权益保护法》也规定：“经营者不得以格式条款、通知、声明、店堂告示等方式作出排除或者限制消费者权利、减轻或者免除经营者责任、加重消费者责任等对消费者不公平、不合理的规定，不得利用格式条款并借助技术手段强制交易。格式条款、通知、声明、店堂告示等含有前款所列内容的均无效。”因此，“一概不予退费”等条款在司法实践中可能会被认定为无效条款，消费者可根据具体情况，积极主张权利、维护自身合法权益。

问 旅游过程中遇到强制购物行为如何处理？

答 根据《旅游法》第35条和《消费者权益保护法》第9条的规定，旅行社组织者、接待旅游者，不得指定具体购物场所，不得安排另行付费旅游项目。消费者有权自主选择提供商品或者服务的经营者，自主选择商品品种或者服务方式，自主决定购买或者不购买任何一种商品、接受或者不接受任何一项服务。因此，遇到了强买强卖的情况，可以及时向旅行社提出异议，双方协商解决，若协商不成，可以向旅游管理部门进行投诉。

问 旅游购物中买到假冒伪劣产品如何维权？

答 旅游者要注意保留好购物的付款凭证等相关凭证，最好能让商家提供正规的发票，证明双方之间存在买卖合同关系；如果对商品质量有异议，应提供国家认可的权威鉴定部门的鉴定意见，证明商品的实际品质与商家出售时声称的品质不一致，属于假冒伪劣商品。如果旅游者能够提供相关证据证明是在旅行社安排的购物活动中购买的商品，则根据《旅行社服务质量赔偿标准》第10条规定，旅行社应当负责挽回或者赔偿旅游者直接经济损失。如果旅游者在自由活动过程中，即并非旅行社安排的购物活动中进行购物，旅行社是没有责任的，应由旅游者自行与商家交涉赔偿责任事宜。

问 旅行途中出现人身损害谁来承担责任？

答《旅游法》第 70 条第 1 款规定，旅行社不履行包价旅游合同义务或者履行合同义务不符合约定的，应当依法承担继续履行、采取补救措施或者赔偿损失等违约责任；造成旅游者人身损害、财产损失的，应当依法承担赔偿责任。旅行社具备履行条件，经旅游者要求仍拒绝履行合同，造成旅游者人身损害、滞留等严重后果的，旅游者还可以要求旅行社支付旅游费用一倍以上三倍以下的赔偿金。但《旅游法》第 70 条第 3 款规定："在旅游者自行安排活动期间，旅行社未尽到安全提示、救助义务的，应当对旅游者的人身损害、财产损失承担相应责任。"因此，在此情形下，旅行社在事发前尽到了安全提示义务，事发后尽到了救助义务，由于旅游者自身过错所导致的损害，如自身行为导致其自陷风险而产生的损害，由旅游者自行承担。

问 旅行途中出现财产损失谁来承担责任？

答 旅行途中一旦发生财产损失，旅游者应及时向导游和旅行社反映情况或直接报警，旅行社和导游有义务给予旅游者协助。旅游者随身携带的行李物品被盗或遗失，一般不能要求旅行社赔偿；如果是托运或交付保管的行李物品遗失或者被盗，承运人或保管人有义务承担赔偿责任；如在旅游合同中有旅行社进行赔偿的特别约定，或者能够证实旅行社对于财物丢失存在过错，旅行社应承担相应的赔偿责任。

问 因不可抗力导致原定的行程被取消或航班被延误该如何处理？

答 根据《旅游法》第 67 条的规定，因不可抗力或者旅行社、履行辅助人已尽合理注意义务仍不能避免的事件，影响旅游行程的，如果合同无法继续履行，旅行社和旅游者均可以解除合同。如果合同不能完全履行，旅行社经向旅游者作出说明后，可以在合理范围内变更合同，比如对旅游行程的天数、旅游参观的景点、路线、项目及相对应的费用等重新进行协商，达成一致，按变更后的合同内容履行；旅游者不同意变更的，则可以解除合同。

问 旅行社泄露了旅游者的个人信息如何维权？

答 《消费者权益保护法》第 29 条第 1 款规定："经营者收集、使用消费者个人信息，应当遵循合法、正当、必要的原则，明示收集、使用信息的目的、方式和范围，并经消费者同意。经营者收集、使用消费者个人信息，应当公开其收集、使用规则，不得违反法律、法规的规定和双方的约定收集、使用信息。"旅游平台和旅行社因其经营性质掌握了大量的个人信息，经营者有义务保护旅游者的个人信息安全。因此，如果发生泄露个人信息的情况，旅游者可以要求旅行社承担相应的侵权责任。对此，《个人信息保护法》第 10 条也规定，任何组织、个人不得非法收集、使用、加工、传输他人个人信息，不得非法买卖、提供或者公开他人个人信息；不得从事危害国家安全、公共利益的个人信息处理活动。

问 自助游有什么风险以及如何防范这些风险？

答 法律目前对自助游没有统一的界定，通常认为它是由旅游者根据自身条件（包括时间、预算、身体状况等）自由选择服务组合的旅游类型。自助游没有旅行社的统一安排，通常容易因为成员之间的决策引发纠纷，因此，在自助游出行前，应做好充分的准备工作，如购买相应的旅游保险、推举负责人、明确各成员的具体分工、确定团队的议事机制等，以减少或避免对旅游行程的争议。

典型案例分析

以案说法为纠纷处理提供具体的参考

案件名称：宁夏某旅游有限公司与田某旅游合同纠纷案

案号：（2022）宁0104民初5566号

审理法院：宁夏回族自治区银川市兴庆区人民法院

案例来源：中国裁判文书网

基本案情 2021年7月15日，原告田某与朋友杜某某共同在宁夏某旅游有限公司下属的某营业部报名参加甘南旅游项目，并委托杜某某向被告支付旅游费1080元。2021年7月16日，在被告工作人员的带领下,田某乘坐 K815 次列车从银川出发前往兰州,该次列车硬卧车厢票价为 123 元。2021 年 7 月 18 日,田某随旅行团在若尔盖大草原花湖景区游玩时,出现恶心、呕吐、右眼视力模糊等症状,随即要求随行导游及被告的工作人员安排田某在附近医院就诊。2021 年 7 月 19 日,医院诊断及处理意见为:因头痛、恶心、呕吐、右眼视力模糊半天于我院急诊科就诊,初步诊断高山病、原发性高血压,右眼视力模糊原因待查,现患者右眼视力无明显好转,建议上级医院进一步诊治。田某因高原反应住院治疗、提前退出旅游,要求旅行社退还旅游费用。

法院观点 旅行社组织和安排旅游活动,应当与旅游者订立合同。本案中,原告田某在被告设立的某营业部报名参加了甘南旅游项目,并向被告交纳了旅游费用,被告的工作人员负责安排该项目的旅游行程,原、被告之间依法形成事实旅游合同关系,本院予以确认。田某在被告的安排下开始甘南旅游行程,在行程第三天到达若尔盖大草原花湖景区游玩时出现严重高原反应导致无法继续履行合同。对于此种情形,我国旅游法律规定,旅游行程结束前,旅游者解除合同的,组团社应当在扣除必要的费用后,将余款退还旅游者。因双方未签订书面旅游合同,无法确定交通、住宿、餐饮等旅游服务安排和标准,结合双方的陈述及田某的出行情况,法院酌情支持被告退还田某旅游费 540 元。对于田某主张的资金占用利息,因田某于 2021 年 7 月 19 日起无法继续履行合同,此时被告应履行退款义务，被告至今未予退款已给田某造成了损失，故本院支持被告按照中国人民银行授权全国银行间同业拆借中心公布的一年期贷款市场报价利率（LPR）3.85%，支付540元自2021年7月19日至款项实际返还之日止的资金占用利息。

裁判结果 被告宁夏某旅游有限公司于判决生效之日起5日内退还田某540元，并按照年利率3.85%支付该540元自2021年7月19日至款项实际返还之日止的资金占用利息。

律师分析 旅游开始前或者旅游途中，随时可能发生计划之外的情况，导致原本的行程需要进行更改或者取消，根据《旅游法》第65条“旅游行程结束前，旅游者解除合同的，组团社应当在扣除必要的费用后，将余款退还旅游者”的规定，因此，旅游者在报团以后无法出行或者提前结束行程，可以要求旅行社退费，但是已经发生的必要费用，如路费、餐饮费、住宿费以及退票产生的手续费等，应予以扣除，剩下的费用旅行社应全部退还给旅游者。

本案中，虽然田某与旅行社未签订书面旅游合同，但是田某在旅行社的营业部报名了旅游行程，并交纳了旅游费用，双方存在口头合同，并开始实际履行，因此法院认定双方存在事实上的旅游合同关系。由于田某在旅途中产生强烈的高原反应，无法继续旅行，旅游合同事实上已经解除，但口头合同无法履行系田某自身的健康原因造成的，旅行社并无过错,基于《民法典》第 6 条规定的公平原则和第 7 条规定的诚信原则,旅行社应退还田某尚未产生的费用,即剩余的旅游费用。由于双方未签订书面旅游合同,也没有其他证据能证明交通、住宿、餐饮等旅游服务的具体费用标准,无法确认扣除费用的具体金额,法院根据未旅行行程的实际情况,酌定旅行社退还田某一半的旅游费用。

实践中,旅游者如果遇到拒绝退费的情况,建议先和旅行社积极协商;协商不成的,可以将相关情况反馈给旅游管理部门,由旅游管理部门进行处理;如果仍无法解决的,可通过诉讼途径主张权利。

---

* 郭亦非律师,福州大学法律硕士,高级企业合规师,厦门市法律援助中心援助律师,思明区法律援助中心援助律师,首届厦门市青年律师辩论赛季军、最佳风采奖。

** 黄扬扬律师,福建旭丰律师事务所房地产业务部成员,专注领域:公司法律顾问、企业合规、合同纠纷、房地产等民商事法律事务。

038

聚焦航旅法律风险解读航空旅客运输合同纠纷与航空运输损害责任纠纷的法律问题

FM99.6 厦门综合广播《新闻招手停》第 109 期

主持人：海蕾

主讲人：沈玉洪律师*、庄幼留律师**

热点问题发现

探寻社会中关注度高的热点问题

1. 航班因故延误，旅客如何依法维权？
2. 特价机票"只退机建和燃油费"合理吗？
3. 旅客乘机过程中发生人身伤亡，航空公司应否担责？
4. 行李在托运中损坏或丢失，航空公司应否赔偿？
5. 哪些旅客属于空运的限制运输人群？
6. 旅客签证不符，航空公司是否有权拒绝承运？

常见问题解答

一问一答为常见法律问题提供指南

问 航班延误有哪些原因？因故延误，旅客如何依法维权？

答 航班延误有飞机本身故障、航空公司的原因、天气或交通管制等不可抗力原因造成的延误，也存在旅客迟到和航班延误同时发生的情况。因飞机本身故障或航空公司的原因引发航班延误未采取必要措施造成旅客经济损失而产生纠纷，无法协商的，根据《民法典》第 819 条、第 820 条及《民用航空法》第 126 条的规定，旅客有权提起诉讼主张索赔，航空公司具有赔偿旅客的义务。

问 因天气原因或空中交通管制、突发事件等不可抗力导致航班延误造成旅客损失的，航空公司是否需要赔偿旅客损失？

答 由于天气原因航班延误属于不可抗力造成的延误，因航空公司不可能采取措施来避免发生，因此对延误本身航空公司无须承担责任。但并不是所有不可抗力导致航班延误的情形，航空公司都享有豁免权，不承担赔偿责任。根据《民用航空法》第 126 条和《民法典》第 820 条的规定，迟延运输或者有其他不能正常运输情形的，应当及时告知和提醒旅客，采取必要的安置措施，并根据旅客的要求安排改乘其他班次或者退票；未采取法律规定措施由此造成旅客损失的，承运人应当承担赔偿责任。

因此，当航空公司存在未履行及时告知和提醒旅客、未采取必要安置措施义务，包括拒绝重新安排航程或更改航程，给旅客造成了经济损失的，应当承担赔偿责任，旅客均有权提出诉讼。且即使购买国际航班"不得退票、转签"打折机票，也不能排除在外。

只有当航空公司能证明其对于延误的发生没有过错，或者已经采取所有必要措施避免损失发生的情况下，才能免除赔偿责任，未举证的，不能免除赔偿责任。因延误赔偿旅客的损失仅限于直接经济损失。

问 如果因为旅客原因未及时办理登机手续导致误机，同时还存在航空公司原因造成延迟起飞的情况，对于旅客的误机，航空公司有赔偿的义务吗？"离站前30分钟关闭办理乘机手续"，是按实际起飞时间算还是按计划起飞时间算？

答 因旅客迟到导致误机，同时还存在航空公司原因造成延迟起飞的，航空公司在扣除误机费后应当退还旅客剩余机票款。

旅客停止办理乘机手续是指在计划起飞时间前30分钟停止办理乘机手续，而不是实际起飞时间前30分钟停止办理乘机手续，这是航空旅客运输合同的交易习惯，作为旅客应当知道该交易习惯，并自觉遵守。如果按照实际起飞时间前30分钟停止办理乘机手续，则办理乘机手续时间具有不确定性，将给航空旅客运输的管理带来混乱，可能飞机无法正常飞行，严重威胁航空安全。

问 对不可改期、改签特价机票“只退机建和燃油费”合理吗？

答 旅客与航空公司之间成立航空旅客运输合同，其中包括订立合同中的退改签规则。合同依法成立后，双方当事人就应依约全面履行各自的义务。航空发展低成本航空服务、机票价格低廉的差异化服务模式，不违反法律、行政法规的禁止性规定。旅客购买特价机票，更应尽到审慎的注意义务，“只退机建和燃油”的条款内容没有免除航空公司的责任，亦未有加重旅客责任、排除和限制旅客主要权利的行为，且该规则不存在明显的权利义务失衡。因此，特价机票因旅客自身原因主动退票的，“只退机建和燃油费”是合理的。

问 旅客乘机过程中发生人身伤亡的，是否有权要求航空公司赔偿？航空公司应否担责？

答 旅客在乘机过程中发生的人身伤亡主要分两种情形：第一种情形是因航空器在操作过程中发生故障导致旅客人身伤亡的；第二种情形是在起飞后、降落前因旅客自身突发疾病造成的伤亡。这两种情形引发的纠纷都属于航空旅客运输损害赔偿纠纷。

对因航空器操作过程中发生故障导致旅客人身伤亡的，根据《民用航空法》第124条的规定，承运人即航空公司应承担责任。一般情况下，如发生航空意外事故的，受害人或遇难者家属通常可拿到赔款包括以下三类：第一，航空公司对受害人或遇难者家属的赔偿；第二，受害人或遇难者如系因公出差的，可主张工伤赔偿；第三，受害人或遇难者购买出行商业保险的，可获得商业保险理赔。

因飞机起飞后、降落前因旅客自身突发急病造成的伤亡，航空公司是否应赔偿的问题，根据《民用航空法》第124条（旅客的人身伤亡是由于旅客本人的健康状况造成的，承运人不承担责任）及《民法典》第822条（承运人在运输过程中，应当尽力救助患有急病、分娩、遇险的旅客，航空公司对特殊旅客具有救助义务）、第823条（承运人应当对运输过程中旅客的伤亡承担赔偿责任；但是，伤亡是旅客自身健康原因造成的或者承运人证明伤亡是旅客故意、重大过失造成的除外）的规定，如因乘客自身健康原因导致的伤亡，且航空公司已尽到充分的乘机前的审查、评估义务，乘机后的注意义务，并及时履行相应的救助义务的，航空公司无须赔偿，否则应承担相应赔偿责任。

问 哪些旅客属于空运的限制运输人群或禁止运输的人群？

答 空运的限制运输人群主要包括无成人陪伴儿童、病残旅客、孕妇、盲人、聋人或犯人等；禁止运输的人群包括传染病患者、精神病患者或健康情况可能危及自身或影响其他旅客的。

问 如果航空公司没有对不能正常运输旅客及时告知和提醒，造成旅客损失的，航空公司是否需要承担赔偿责任？

答 根据《民法典》第820条作出明确规定，承运人迟延运输或者有其他不能正常运输情形的，应当及时告知和提醒旅客，采取必要的安置措施，并根据旅客的要求安排改乘其他班次或者退票；由此造成旅客损失的，承运人应当承担赔偿责任，但是不可归责于承运人的除外。因此，航空公司应对限制运输旅客及时告知和提醒，并经检查确认符合乘机要求后才能乘机，在未履行告知和提醒义务导致延误乘机进而造成旅客损失的，航空公司应当承担赔偿责任。

问 旅客的行李在托运过程中损坏或丢失，航空公司是否需要承担赔偿责任？

答 在航空运输财产损害责任纠纷中，如果航空公司未妥善承运导致旅客行李损坏的，则构成违约，应当予以赔偿。具体可根据《民法典》第832条的规定进行判断。一般情况下，因不可抗力、货物本身的自然性质或者合理损耗以及托运人、收货人的过错造成的运输过程中货物的毁损、灭失，承运人无须承担赔偿责任，但这需要承运人承担举证责任。除前述原因外，其他在空运过程中造成运输货物毁损灭失的情况，承运人应当承担赔偿责任。

关于行李货物毁损灭失的赔偿额，在《民法典》第833条作出了明确规定，货物的毁损、灭失赔偿额，当事人有约定的，按约定；没有约定或者约定不明确的，依据《民法典》第510条的规定仍不能确定的，按照交付或者应当交付时货物到达地的市场价格计算。法律、行政法规对赔偿额的计算方法和赔偿限额另有规定的，依照其规定。此外《民法典》第834条还规定了两个以上承运人以同一运输方式联运的，与托运人订立合同的承运人应当对全程运输承担责任；损失发生在某一运输区段的，与托运人订立合同的承运人和该区段的承运人承担连带责任。

问 旅客签证不符，航空公司是否有权拒绝承运？

答 按照相关规定，旅客未出示有效的旅行证件，承运人有权拒绝运输旅客及其行李，由此给旅客造成的损失，承运人不承担责任。

问 对免票、持优待票或经承运人许可搭乘的无票旅客出现了运输过程中旅客的伤亡，航空公司是否也要赔偿？

答 航空公司是否要承担赔偿责任不是以有无购票为准，而是要区分不同原因不同情形。我国《民法典》第 823 条对承运人在运输过程中的旅客的伤亡承担赔偿责任作出了规定。对免票、持优待票或者经承运人许可搭乘的无票旅客也同样适用。如果是因旅客自身健康原因突发疾病或能证明旅客是因故意、重大过失造成的伤亡，航空公司是可以免责的，无须赔偿；如果因航空公司航空器故障或操作过程中出现的飞机颠簸导致的旅客伤亡，不管旅客是免票、无票或持优待票，航空公司均不能免责，仍需承担赔偿责任。

问 航班延误，旅客申请退票后，按照原价退票还是实际票价退票？

答 旅客购买航空公司的机票，双方之间形成航空旅客运输合同关系，旅客支付票价后航空公司应将旅客从起运地运输到目的地。如果航班延误，双方均同意以退票的形式终止双方的合同权利义务关系，旅客申请退票的，正常只能按照旅客实际票价退票而非按原价退票。

典型案例分析

以案说法为纠纷处理提供具体的参考

案件名称：郭某海诉航空公司航空旅客运输合同案

案号：（2020）京0105民初53436号

案例来源：中国裁判文书网

基本案情 旅客原告郭某因2020年6月3日上午9时需前往广东省湛江市雷州法院开庭，购买了2020年6月2日从北京到广州的A航班机票970元。原告郭某同时购买了当日从广州到湛江的B航班机票370元，B航班起飞时间是在A航班到达后的2小时。2020年6月2日，原告在A航班登机后，飞机自身出现故障，导致延误，造成郭某无法按时乘坐B航班。2020年6月4日，被告某航空公司向原告郭某出具了一份《航班不正常证明》，载明是航空公司原因导致A航班计划出港、到港时间均延误。A航班到达延误，导致原告未能乘坐广州至湛江的B航班。原告为赶次日的开庭，在延误后乘坐出租车从广州前往雷州，累计花费车费1929元。双方因退还机票费产生纠纷无法协商，原告认为航空公司的行为构成欺诈，将航空公司诉至法院要求退还其机票费并支付其三倍票价赔偿及精神损害抚慰金。延误的A航班原告有实际乘坐，但转机第二趟航班即B航班原告并未乘坐。

法院观点 旅客、行李或者货物在航空运输中因延误造成的损失，承运人应当承担责任；但是，承运人证明本人或者其受雇人、代理人为了避免损失的发生，已经采取一切必要措施或者不可能采取此种措施的，不承担责任。本案中，原告购买了被告A航班机票，双方形成航空旅客运输合同关系，被告应当按照约定的时间将原告送达目的地。因被告飞机自身故障，导致起飞、降落时间发生重大延误，被告构成违约。航班延误期间，原告向被告工作人员说明了自己需要赶往广州乘坐被告另外一个航班的情况，但被告只是采取了为乘客办理退票等通常措施，而这些通常措施无法避免原告经济损失的发生。被告没有证据证明被告为避免损失的发生已经采取一切可能的措施，因此，对于原告的经济损失，被告应承担赔偿责任。被告提交的《地面服务保障手册》中规定的因被告自身原因造成航班延误的补偿标准，属于被告内部的规范性文件，并非对所有旅客均具有约束力，不妨碍旅客就被告的违约行为提出超过该补偿标准的赔偿请求。关于原告主张的各项损失，原告已经实际乘坐了北京到广州的航班，原告要求退还机票费970元没有依据，法院不予支持。关于原告主张的三倍票价赔偿，原告没有证据证明其存在欺诈行为，法院对原告该项诉讼请求不予支持。关于原告主张的熬夜感冒的健康损失，原告未举证,法院不予支持。原告主张的精神损害抚慰金,没有法律依据,法院不予支持。关于原告主张的广州到湛江的机票损失、打车费,原告按照预定计划是从广州乘坐飞机至湛江,后从湛江打车前往雷州,由于被告航班延误,导致被告直接从广州打车至雷州,致使费用增加,因此核定原告损失时,应当从打车费中扣除原告本来应该支出的从广州至湛江、湛江至雷州的费用,原告再主张广州到湛江的机票损失没有依据,因此法院酌定被告赔偿原告打车费损失 1400 元。

裁判结果 一审法院判决:该航空公司赔偿旅客郭某乘坐出租车车费实际损失(有票据)1400 元,驳回郭某的其他诉讼请求。

律师分析 法院仅对旅客实际打车的费用 1400 元认定为直接损失进行了支持,理由主要是基于《民法典》第 820 条的规定,航空公司在延误航班的情况下未采取必要的安置措施致使造成旅客损失的,作为承运人应当承担赔偿责任。

法院不支持退还旅客 A 航班 970 元机票的理由主要是因为原告已经实际乘坐了北京到广州的航班,并安全抵达目的地。根据《民法典》第 509 条及第 820 条的规定,在航空公司已实际履行完 A 航班的运输义务,原告再要求航空公司退还乘坐 A 航班机票费 970 元,航空公司可就已实际履行运输义务拒绝返还机票费,故旅客要求返还 970 元机票费没有事实和法律依据。

*　沈玉洪律师，福建旭丰律师事务所民事部副主任；厦门律协第九届刑事诉讼专业委员会委员；厦门律协第九届理事会公益法律服务工作委员会委员；厦门市优秀公益律师；2021 年至 2023 年被评为旭丰所履行社会责任先进律师、旭丰所优秀律师。专注领域：刑事辩护、商品房买卖合同纠纷、公司类合同纠纷、婚姻家事类纠纷与侵权纠纷解决、劳动争议、企事业单位法律风险防控与非诉法律服务。

**　庄幼留律师，福建旭丰律师事务所第四党支部书记、旭丰所婚姻家庭与财富传承业务部副主任，厦门市中级人民法院调解员、厦门市地方金融纠纷调解中心调解员、厦门市思明区人民法院调解员、认可专业商业调解员、婚姻家庭咨询师。